AF315827

Programmes de 1902. — Classes de 4ᵉ et de 3ᵉ.

Cours RIEMANN & GOELZER

EXERCICES

GRECS

(Classes de Quatrième et de Troisième)

OUVRAGE COMPOSÉ PAR M. JULES BARBIER

Professeur au collège de Compiègne

SOUS LA DIRECTION DE

M. HENRI GOELZER

Maître de conférences à l'École normale supérieure.

Livre du Maître

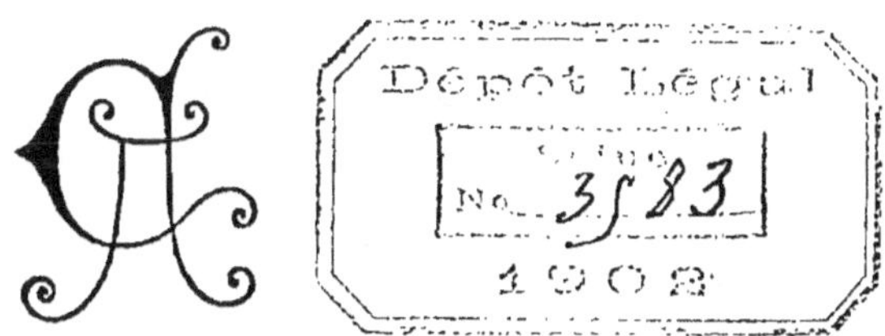

Dépôt Légal
No 3583
1902

LIBRAIRIE ARMAND COLIN

5, RUE DE MÉZIÈRES, PARIS

1902

Tous droits réservés.

EXERCICES GRECS

(Classes de Quatrième et de Troisième)

Livre du Maître

NOTIONS PRÉLIMINAIRES

[Élève, p. 3]   **1. Exercice d'écriture.**

(Gr., §§ 1-24. — *Écriture; esprits; ponctuation.*)

DIOGÈNE NE VEUT POINT PASSER POUR UN PARESSEUX

Ὁπότε ὁ Φίλιππος ἐλέγετο ἤδη ἐπελαύνειν, οἱ Κορίνθιοι πάντες ἐταράττοντο καὶ ἐν ἔργῳ ἦσαν, ὃ μὲν ὅπλα ἐπισκευάζων, ὃ δὲ λίθους παραφέρων, ὃ δ' ὑποικοδομῶν τὸ τεῖχος, ὃ δ' ἔπαλξιν ὑποστερίζων.

Ὁ δὲ Διογένης ὁρῶν ταῦτα, διαζωσάμενος τὸ τριβώνιον, σπουδῇ μάλα καὶ αὐτὸς ἐκύλιε τὸν πίθον, ἐν ᾧ ἐτύγχανεν οἰκῶν, ἄνω καὶ κάτω τοῦ Κρανείου· καί τινος ἐρομένου· « Τί ταῦτα ποιεῖς, ὦ Διόγενες; — Κυλίω τόν πίθον, ἔφη, ὡς μὴ μόνος ἀργεῖν φαίνωμαι ἐν τοσούτοις ἐργαζομένοις. »

Λουκιανός.

[Élève, p. 4]   **2. Exercice de traduction.**

DIOGÈNE NE VEUT POINT PASSER POUR UN PARESSEUX

Comme le bruit courait que Philippe entrait déjà en campagne, tous les habitants de Corinthe étaient en désarroi et se mettaient à la besogne : l'un préparait des armes, l'autre transportait des pierres; celui-ci réparait les remparts, celui-là consolidait une palissade.

Ce que voyant, Diogène noua son manteau autour de lui et se mit à rouler avec ardeur de bas en haut et de haut en bas du Cranion le tonneau dans lequel il logeait alors. Et comme on lui demandait : « Que fais-tu là, Diogène ? — Je roule mon tonneau, dit-il, pour ne point paraître rester seul oisif au milieu de tant de gens qui travaillent. » LUCIEN.

[Élève, p. 4]   **3. Exercice de lecture.**

Gr., §§ 1-24. — (*Prononciation; accent tonique.*)

LES VILLAGES D'ARMÉNIE AU IVe SIÈCLE AVANT J.-C.

Παρὰ τοῖς Ἀρμενίοις αἱ τῶν κωμῶν οἰκίαι ἦσαν κατάγειοι, τὸ μὲν στόμα ὥσπερ φρέατος, κάτω δ' εὐρεῖαι· αἱ δὲ εἴσοδοι τοῖς μὲν ὑποζυγίοις ὀρυκταί, οἱ δὲ ἄνθρωποι κατέβαινον ἐπὶ κλίμακος.

Ἐν δὲ ταῖς οἰκίαις ἦσαν αἶγες, οἶες, βόες, ὄρνιθες, καὶ τὰ ἔκγονα τούτων· τὰ δὲ κτήνη πάντα χιλῷ ἔνδον ἐτρέφοντο. Ἦσαν δὲ καὶ πυροὶ καὶ κριθαὶ καὶ ὄσπρια καὶ οἶνος κρίθινος ἐν κρατῆρσιν.

Ἐνῆσαν δὲ καὶ αὐταὶ αἱ κριθαὶ ἰσοχειλεῖς καὶ κάλαμοι ἐνέκειντο, οἱ μὲν μείζους, οἱ δὲ ἐλάττους, γόνατα οὐκ ἔχοντες· τούτους ἔδει, ὁπότε τις διψώῃ, λαβόντα εἰς τὸ στόμα, μύζειν.

Καὶ πάνυ ἄκρατος ἦν, εἰ μή τις ὕδωρ ἐπιχέοι· καὶ πάνυ ἡδὺ συμμαθόντι τὸ πῶμα ἦν.

Ξενοφῶν.

[Élève, p. 5]   **4. Exercice de traduction.**

LES VILLAGES D'ARMÉNIE AU IVe SIÈCLE AVANT J.-C.

Chez les Arméniens, les maisons des villages étaient souterraines, avec un orifice comme celui d'un puits ; mais elles étaient vastes dans le bas : il y avait des entrées de plain pied pour les bêtes de somme, mais les gens descendaient par une échelle.

Dans les maisons se trouvaient des chèvres, des brebis, des vaches, des oiseaux de basse-cour et les petits de ces animaux ; tous les bestiaux étaient nourris de fourrage sans sortir. Il y avait aussi du blé, de l'orge, des légumes secs et du vin d'orge dans des cratères.

Dans le vin on avait laissé même les grains d'orge, qui surnageaient ; on y trouvait aussi des fétus de paille, les uns plus grands, les autres plus petits, sans nœuds ; quand on avait soif, il fallait prendre les fétus dans la bouche et boire en pipant.

Le vin était très fort si l'on n'y mettait pas d'eau ; mais quand on y était habitué, c'était un breuvage très agréable.

XÉNOPHON.

CHAPITRE PREMIER

L'ARTICLE, LE SUBSTANTIF ET L'ADJECTIF

PREMIÈRE DÉCLINAISON

SUBSTANTIFS ET ADJECTIFS EN α ET EN η

(Gr., §§ 32-38.)

[Élève, p. 7]   **5. Exercice oral.**

1° Donnez, *avec le sens*, le génitif et le datif singuliers de chacun des mots suivants :

ἡ σκία.	Gén. : τῆς σκιᾶς.	Dat. : τῇ σκιᾷ.
l'ombre.	de l'ombre.	à l'ombre.
ἡ ρίζα.	— τῆς ρίζης.	— τῇ ρίζῃ.
la racine.	de la racine.	à la racine.
ἡ ἀρχή.	— τῆς ἀρχῆς.	— τῇ ἀρχῇ.
le commandement.	du commandement.	au commandement.
ξηρά.	— ξηρᾶς.	— ξηρᾷ.
sèche.	»	»
ἡ ἀνδρεία.	— τῆς ἀνδρείας.	— τῇ ἀνδρείᾳ.
le courage.	du courage.	au courage.
ἡ θάλαττα.	— τῆς θαλάττης.	— τῇ θαλάττῃ.
la mer.	de la mer.	à la mer.
ἡ βλάβη.	— τῆς βλάβης.	— τῇ βλάβῃ.
le dommage.	du dommage.	au dommage.
πᾶσα.	— πάσης.	— πάσῃ.
toute.	»	»
ἡ θύρα.	— τῆς θύρας.	— τῇ θύρᾳ.
la porte.	de la porte.	à la porte.
ἡ τράπεζα.	— τῆς τραπέζης.	— τῇ τραπέζῃ.
la table.	de la table.	à la table.
ἡ εἰρήνη.	— τῆς εἰρήνης.	— τῇ εἰρήνῃ.
la paix.	de la paix.	à la paix.
καλή.	— καλῆς.	— καλῇ.
belle.	»	»

2° Analysez les mots suivants ; donnez-en le nominatif et le génitif singuliers, ainsi que *la traduction* :

τὴν στρατιάν.	acc. sing.	de στρατιά, ᾶς, — l'armée.
τῆς ἀκάνθης,	gén. sing.	de ἄκανθα, ης, — de l'épine.
τὰς ῥίζας,	acc. pl.	de ῥίζα, ης, — les racines.
ταῖς θεραπαίναις,	dat. plur.	de θεράπαινα, ης, —aux servantes.
καλήν,	adj. fém. acc. sing.	de καλή, ῆς, — belle.
τῆς ἡσυχίας,	gén. sing.	de ἡσυχία, ας, —de la tranquillité.
τῇ ἐλαίᾳ,	dat. sing.	de ἐλαία, ας, — à l'olivier.
τὰς στολάς,	acc. pl.	de στολή, ῆς, — les robes.
τοῖν βλάβαιν,	gén.-dat. duel	de βλάβη, ης, — des (aux) deux dommages.
πασῶν,	adj. fém. gén. pl.	de πᾶσα, ης, — de toutes.
τὼ θύρα,	nom.-acc. duel	de θύρα, ας, — les deux portes.
τὴν κόρυζαν,	acc. sing.	de κόρυζα, ης, — le rhume de cerveau.
τῶν οἰκιῶν,	gén. pl.	de οἰκία, ας, — des maisons.
τῇ θαλάττῃ,	dat. sing.	de θάλαττα, ης, — à la mer.
αἰσχραί,	adj. fém. nom. pl.	de αἰσχρά, ᾶς, — laides.

[Élève, p. 7] **6. Exercice de version.**

1. Fermez les portes des maisons. — **2.** Nous aimons l'ombre des oliviers. — **3.** Le soir apporte la tranquillité sur la place publique et dans les rues. — **4.** Sans courage les armées vont au-devant d'une défaite. — **5.** L'olivier est desséché [jusque] dans toutes les racines. — **6.** Les servantes ont placé des épines tout près de la table. — **7.** Je suis malade d'un rhume de cerveau (j'ai un rhume de cerveau). — **8.** Cyrus revêtit un beau vêtement. — **9.** Nous avons une paix sans honte et [sans] dommage. — **10.** Athènes avait depuis longtemps le commandement (l'empire) de la mer.

[Élève, p. 9] **7. Exercice oral.**

Mettez les mots suivants aux cas indiqués, *en donnant toujours le sens* :

Gén. sing. τῆς ἁμίλλης, τῆς παιδείας, τῆς εἰρήνης.
    de l'émulation, de l'instruction, de la paix.

Gén. pl. τῶν χωρῶν, τῶν τραπεζῶν, τῶν ἀρχῶν.
des pays, des tables, des commandements.

Dat. sing. τῇ ἀτυχίᾳ, τῇ δάφνῃ, τῇ γλώττῃ.
au malheur, au laurier, à la langue.

Dat. pl. ταῖς ῥίζαις, ταῖς Ἀθήναις, ταῖς χώραις.
aux racines, à Athènes, aux pays.

Acc. sing. τὴν τρυφήν, τὴν ἅμιλλαν, τὴν προπέτειαν.
la mollesse, l'émulation, la précipitation.

Acc. pl. τὰς ἀκάνθας, τὰς βασιλείας, τὰς στολάς.
les épines, les reines, les vêtements.

Gén. sing. τῆς καλῆς στολῆς — τῆς καλῆς οἰκίας — τῆς
du beau vêtement — de la belle maison — du

καλῆς ἁμάξης.
beau chariot.

Dat. sing. τῇ ξηρᾷ ἐλαίᾳ — τῇ ξηρᾷ δάφνῃ — τῇ ξηρᾷ
au sec olivier — au sec laurier — à la sèche

ῥίζῃ.
racine.

Acc. sing. πᾶσαν τὴν θάλατταν — πᾶσαν τὴν βλάβην, —
toute la mer, — tout le dommage, —

πᾶσαν τὴν χώραν.
tout le pays.

Acc. pl. τὰς μεγάλας δάφνας, — τὰς μεγάλας στρατιάς, —
les grands lauriers, — les grandes armées, —

τὰς μεγάλας ἀκάνθας.
les grandes épines.

[Élève, p. 9]   **8. Exercice de thème.**

1. Ἐν ταῖς ἀτυχίαις φαίνεται ἡ φιλία. — **2.** Ἡ προπέτεια τίκτει ἀταξίαν. — **3.** Αἱ στρατιαὶ ἐπανάγουσι τὴν λείαν. — **4.** Ἐν τῇ χώρᾳ καλαὶ δάφναι εἰσίν. — **5.** Ἄνευ ἁμίλλης ἡ παιδεία ὀκνηρά ἐστι καὶ χαλεπή. — **6.** Θύωμεν ταῖς Μούσαις. — **7.** Ἡ βασίλεια ἐπορεύετο ἐφ' ἁμάξῃ. — **8.** Ἡ παιδεία

φέρει τὴν ὑγίειαν τῇ ψυχῇ. — **9.** Μὴ τῆς διανοίας προτρε-
χέτω ἡ γλῶττα, ἀλλὰ ἡ διάνοια τῆς γλώττης. — **10.** Φεύγετε
μὲν τρυφὴν καὶ ὑπερηφανίαν, ζητεῖτε δὲ προθυμίαν καί
σωφροσύνην.

[Élève, p. 11]   **9. Exercice de version.**

1. Honorons toujours la franchise. — **2.** Souvent le
déshonneur suit le vice. — **3.** Aimez le courage et la
liberté, fuyez la lâcheté et l'esclavage. — **4.** Dans l'ombre,
toutes les chèvres paraissent tout à fait noires. — **5.** Sans
émulation l'instruction est désagréable. — **6.** L'armée fut
détruite par la faim et la soif. — **7.** Faites glisser l'ancre à
la mer. — **8.** La fortune a de nombreux changements. —
9. La vertu est toujours une source d'honneur et de considération. — **10.** A Sparte, les Muses et les arts n'étaient
pas en grand honneur.

[Élève, p. 11]   **10. Exercice de thème.**

1. Ἡ πλεονεξία πολλάκις αἰτία ἐστὶ λυπῶν. — **2.** Ἡ
φιλαργυρία τίκτει πολλάκις τὴν μωρίαν. — **3.** Εἰς ἡδεῖαν
χώραν ἄρτι ἀφικόμεθα. — **4.** Νῦν ὁρῶμεν σελήνην πλήθουσαν
διὰ τῶν νεφελῶν. — **5.** Ἡ πενία διδάσκει φέρειν πεῖναν καὶ
δίψαν. — **6.** Τὴν τράπεζαν τέθηκα πρὸς τῇ θύρᾳ. — **7.** Θαλάτ-
της ἐκράτουν πάλαι αἱ Ἀθῆναι. — **8.** Αἱ μυῖαι πάσας τὰς
σταφυλὰς ἐφθάρκασιν. — **9.** Ἡ ἀρετὴ τὰς τῆς τύχης μετα-
βολὰς οὐ φοβεῖται.

[Élève, p. 12]   **11. Exercice étymologique.**

Donnez le sens et l'étymologie des mots suivants :

Acanthe, *plante épineuse;* de : ἄκανθα, ης, *épine.*

Ataxie, *irrégularité dans la marche d'une maladie;* de : ἀταξία, ας,
    désordre.

Chimère, *monstre fabuleux ayant le corps d'une chèvre, la tête
    d'un lion, la queue d'un serpent;* de : χίμαιρα, ας, *chèvre.*

Coryza, *rhume de cerveau;* de : κόρυζα, ης (*même sens*).

Despote, *souverain qui gouverne d'une manière arbitraire et
    absolue;* de : δεσπότης, ου (ὁ), *maître.*

Glotte, *ouverture du larynx qui donne passage à la voix;* de :
γλῶττα, ης, *langue.*

Trapèze, *figure géométrique à quatre côtés dont deux sont inégaux et parallèles;* de : τράπεζα, ης, *table* (Τράπεζα est une abréviation pour τετράπεζα, *qui a quatre pieds*).

Agathe, *nom de femme;* de : ἀγαθή, ῆς, *bonne.*

Irène, *nom de femme;* de : εἰρήνη, ης, *paix.*

Mélanie, *nom de femme;* de : μέλαινα, ης, *noire.*

Psyché, *jeune fille épousée par Cupidon et admise au rang de déesse;* de : ψυχή, ῆς, *âme.*

SUBSTANTIFS MASCULINS EN **ας** ET EN **ης.**

(Gr., §§ 39 et 40.)

[Élève, p. 13]   **12. Exercice oral.**

1° Analysez les mots suivants; donnez-en le nominatif et le génitif singuliers ainsi que *la traduction :*

τὸν Εὐφράτην,	acc. sing.	de (ὁ) Εὐφράτης, ου, — l'Euphrate.
τοὺς νεανίας,	acc. pl.	de (ὁ) νεανίας, ου, — les jeunes gens.
τῷ Λεωνίδᾳ,	dat. sing.	de (ὁ) Λεωνίδας, ου, — à Léonidas.
τοῖς ὁπλίταις,	dat. pl.	de (ὁ) ὁπλίτης, ου, — aux hoplites.
Ἐπαμεινώνδου,	gén. sing.	de (ὁ) Ἐπαμεινώνδας, ου, — d'Épaminondas.
Ξέρξου,	gén. sing.	de (ὁ) Ξέρξης, ου, — de Xerxès.
οἱ πελτασταί,	nom. pl.	de (ὁ) πελταστής, οῦ, — les peltastes.
τὸν πρεσβευτήν,	acc. sing.	de (ὁ) πρεσβευτής, οῦ, — l'ambassadeur.
τοῖν τοξόταιν,	gén.-dat. duel	de (ὁ) τοξότης, ου, — des (aux) deux archers.

2° Donnez, *avec le sens,* l'accusatif et le datif singuliers de chacun des mots suivants :

ὁ Ξέρξης, *Xerxès.*	Dat.: τῷ Ξέρξῃ, *à Xerxès.*	Acc.: τὸν Ξέρξην. *Xerxès.*
ὁ Λεωνίδας, *Léonidas.*	— τῷ Λεωνίδᾳ, *à Léonidas.*	— τὸν Λεωνίδαν. *Léonidas.*
ὁ δεσπότης, *le maître.*	— τῷ δεσπότῃ, *au maître.*	— τὸν δεσπότην. *le maître.*

1.

ὁ στρατιώτης,	— τῷ στρατιώτῃ,	— τὸν στρατιώτην.
le soldat.	au soldat.	le soldat.
Ἐπαμεινώνδας, —	Ἐπαμεινώνδᾳ, —	Ἐπαμεινώνδαν.
Epaminondas.	à Épaminondas.	Épaminondas.
Ἀρταξέρξης,	— Ἀρταξέρξῃ,	— Ἀρταξέρξην.
Artaxerxès.	à Artaxerxès.	Artaxerxès.
ἡ γλῶττα,	— τῇ γλώττῃ,	— τὴν γλῶτταν.
la langue.	à la langue.	la langue.
ἡ χώρα,	— τῇ χώρᾳ,	— τὴν χώραν.
la contrée.	à la contrée.	la contrée.
ἡ ὕλη,	— τῇ ὕλῃ,	— τὴν ὕλην.
la forêt.	à la forêt.	la forêt.

[Élève, p. 13]   **13. Exercice de version.**

1. Salut, *maître!* — **2.** *Épaminondas* avait soin de [ses] *soldats.* — **3.** On envoya alors *Antalcidas* comme *ambassadeur*, pour [traiter de] la paix. — **4.** Dans les armées grecques, il y avait des *archers*, des *frondeurs*, des *peltastes* et des *hoplites.* — **5.** Admirable est la bravoure de *Léonidas* aux Thermopyles. — **6.** Les *Perses* faisaient route à travers l'Arabie, ayant l'*Euphrate* à droite. — **7.** Les *archers* et les *frondeurs* d'*Artaxerxès* prirent sur-le-champ position tout près de l'*Euphrate.* — **8.** *Xerxès*, tu étais roi des *Perses* et maître de l'Asie.

[Élève, p. 14]   **14. Exercice lexicologique.**

Donnez le sens des mots grecs qui suivent et les mots latins empruntés du grec ou qui ont la même origine :

ἄγκυρα, ας,	latin : *ancora,* æ,	français :	*ancre.*
ἐν,	— *in,*	—	dans (*en*).
ἐξ,	— *ex,*	—	de (hors de).
ἑσπέρα, ας,	— *vespera,* æ,	—	soir (*vêpres*).
Μοῦσα, ης,	— *Musa,* æ,	—	*Muse.*
νῦν,	— *nunc,*	—	en ce moment.
ναύτης, ου,	— *nauta,* æ,	—	matelot (*nautique*).
σοφιστής, οῦ,	— *sophista,* æ,	—	*sophiste.*
στολή, ῆς,	— *stola,* æ,	—	robe (*étole*).
ὕλη, ης,	— *silva,* æ,	—	forêt (*silvestre*).
φέρω,	— *fero,*	—	je porte.
φεύγω,	— *fugio,*	—	*je fuis.*

[Élève, p. 15]   **15. Exercice oral.**

1° Mettez les mots suivants aux cas indiqués, *en donnant toujours le sens*

Gén. sing.	τοῦ σοφιστοῦ, du sophiste,	τοῦ Γοργίου, de Gorgias,	τῆς τραπέζης. de la table.
Dat. pl.	τοῖς κλέπταις, aux voleurs,	τοῖς νεανίαις, aux jeunes gens,	ταῖς Ἀθήναις. à Athènes.
Acc. sing.	τὸν Βορέαν, Borée,	τὸν δεσπότην, le maître,	τὴν κεφαλήν. la tête.
Acc. pl.	τοὺς Πέρσας, les Perses,	τοὺς προδότας, les traîtres,	τὰς ἀγυιάς. les rues.
Voc. pl.	ὦ Σπαρτιᾶται, Spartiates !	ὦ νεανίαι, jeunes gens !	ὦ Μοῦσαι. Muses !

2° Traduisez en grec, aux cas indiqués, les mots suivants :

Acc. sing. τὸν ναύτην, τὸν Λεωνίδαν, τὴν εἰρήνην, τὴν ῥίζαν.
Voc. sing. ὦ στρατιῶτα, ὦ νεανία, ὦ θεράπαινα, ὦ Ξέρξη.
Gén. sing. τῆς βασιλείας, τοῦ πρεσβευτοῦ, τοῦ Βορέου, τῆς
    θαλάττης.
Dat. sing. τῇ οἰκίᾳ, τῷ ναύτῃ, τῷ Γοργίᾳ, τῇ γλώττῃ.
Acc. duel. τὼ ἐλαία, τὼ Πέρσα, τὼ ἅμαξα, τὼ ὕλα.

[Élève, p. 15]   **16. Exercice de thème.**

1. Οἱ **ναῦται** Βορέαν μάλα φοβοῦνται. — 2. Ἐν Ἀθήναις,
οἱ **νεανίαι** ἀκοῦσαι ἐβούλοντο Γοργίου τοῦ **σοφιστοῦ**. —
3. Ὦ οἰκέτα, καλῶς θεράπευε τὸν **δεσπότην**. — 4. Ἐκ
ψεύστου κλέπτης ἴσως γενήσῃ. — 5. Μὴ πιστεύωμεν τοῖς
ψεύσταις. — 6. Οἱ τοῦ Λεωνίδου **στρατιῶται** μάλα ἀνδρείως
ἐμαχήσαντο πρὸς τοὺς **Πέρσας** ἐν Θερμοπύλαις. — 7. Ὦ
νεανίαι, ἆρ' οὐ καταφρονεῖτε τοὺς **προδότας**; — 8. Οἱ
ὁπλῖται τὸν **πρεσβευτὴν** τότ' ἀπέκτειναν καὶ τὴν κεφαλὴν
ἀπέτεμον. — 9. Τοῖς **δεσπόταις** ἐνίοτε οὐ μέλει τῶν **οἰκετῶν**.

DEUXIÈME DÉCLINAISON

[Élève, p. 16]   **17. Exercice étymologique.**

Donnez le sens de chacun des mots suivants et trouvez le mot grec correspondant à la partie du mot français en *italique :*

Dia*logue*, *entretien* entre deux ou plusieurs personnes [διά et λόγος, ου, *discours, parole*]. — **Pro*logue***, *discours* en tête d'un ouvrage [πρό et λόγος]. — **Épi*logue***, *discours* à la suite d'un ouvrage [ἐπί et λόγος].

Théophile, nom d'homme : ami de *Dieu* [Θεός, οῦ, *Dieu*, et φίλος, *ami*]. — **Théodore**, nom d'homme : présent de *Dieu* [Θεός et δῶρον, ου, *présent*]. — **Athée**, qui nie l'existence de *Dieu* [ἀ, *priv.*, et Θεός].

Cosmétique, *adj.*, qui entretient, qui *embellit* la peau, les cheveux [κόσμος, ου, *parure*].

Lithographie, art d'imprimer au moyen de la *pierre* [λίθος, ου et γράφω, *écrire*]. — **Aérolithe**, *pierre* tombée du ciel [ἀήρ, ἀέρος, *air*, et λίθος]. — **Monolithe**, formé d'une seule *pierre* [μόνος, *seul*, et λίθος].

Exode, titre du livre de l'Ancien Testament qui contient l'histoire de la *sortie* d'Égypte [ἐξ, *hors de*, et ὁδός, οῦ, *route*]. — **Synode**, assemblée des ecclésiastiques d'un diocèse *réunis en un même lieu* [σύν, *ensemble ;* ὁδός]. — **Méthode**, *marche* suivie pour faire quelque chose [μετά, *après, suivant ;* ὁδός]. Il est à remarquer que l'*esprit rude* de ὁδός n'est représenté ni dans *exode* ni dans *synode*, et qu'il l'est dans *méthode*.

Panoplie, *armure* complète; réunion d'*armes* en trophée [πᾶν, *tout*, et ὅπλον, ου, *arme*].

Rhododendron, *arbrisseau* dont les feuilles rappellent celles du laurier-rose [ῥόδον, *rose*, et δένδρον, ου, *arbre*].

Parthénon, temple de la *vierge* Pallas à Athènes [παρθένος, ου, *jeune fille, vierge*].

Péloponèse, presqu'*île* au sud de la Grèce à laquelle Pélops, fils de Tantale, donna son nom [Πέλοψ, -λόπος et νῆσος, ου, *île*].

Œnologie, traité sur la manière de faire le *vin* [οἶνος, ου, *vin*, et λόγος, ου, *discours*]. — **Œnophile**, ami du *vin* [οἶνος et φίλος, *ami*].

Philanthrope, *qui aime* les hommes [φίλος, *ami*, et ἄνθρωπος, ου, *homme*]. — **Philharmonique**, *qui aime* la musique, l'harmonie [φίλος et ἁρμονικός, *harmonique*]. — **Philosophie**, *qui aime* la sagesse [φίλος et σοφία, ας, *sagesse*]. — **Philomèle**, nom d'une femme métamorphosée en rossignol, oiseau *qui aime* le chant [φίλος et μέλος, -λους, *chant*]. — **Philotechnique**, qui a pour objet l'*amour* des arts, des sciences [φίλος et τέχνη, ης, *art*].

SUBSTANTIFS MASCULINS ET FÉMININS EN **ος**.
SUBSTANTIFS NEUTRES EN **ον**.

(Gr., §§ 51-56.)

[Élève, p. 17]   **18. Exercice oral.**

1° Analysez les mots suivants; donnez-en le nominatif et le génitif singuliers, ainsi que *la traduction :*

τῷ ἀγρῷ,	dat. sing.	de (ὁ) ἀγρός, ου, — au champ.
τῆς ἀμπέλου,	gén. sing.	de (ἡ) ἄμπελος, ου, — de la vigne.
τὰ ὅπλα,	nom.-acc. pl.	de (τὸ) ὅπλον, ου, — les armes.
τὴν δρόσον,	acc. sing.	de (ἡ) δρόσος, ου, — la rosée.
οἱ νόμοι,	nom. pl.	de (ὁ) νόμος, ου, — les lois.
ταῖς ὁδοῖς,	dat. pl.	de (ἡ) ὁδός, οῦ, — aux routes.
τῶν δένδρων,	gén. pl.	de (τὸ) δένδρον, ου, — des arbres.
τὰς ἀμπέλους,	acc. pl.	de (ἡ) ἄμπελος, ου, — les vignes.
ὦ παρθένε,	voc. sing.	de (ἡ) παρθένος, ου, — jeune fille !
τῇ θεῷ,	dat. sing.	de (ἡ) θεός, οῦ, — à la déesse.
τοῖς ψελίοις,	dat. pl.	de (τὸ) ψέλιον, ου, — aux bracelets.
τοῖν λίθοιν,	gén.-dat. duel	de (ὁ) λίθος, ου, — des (aux) deux pierres.

2° Donnez, *avec le sens*, le génitif et l'accusatif singuliers de chacun des mots suivants :

	Acc. :	Dat. :
ὁ οἶνος, *le vin.*	τὸν οἶνον, le vin.	τῷ οἴνῳ, au vin.
τὸ δένδρον, *l'arbre.*	— τὸ δένδρον, l'arbre.	— τῷ δένδρῳ, à l'arbre.
ἡ θύρα, *la porte.*	— τὴν θύραν, la porte.	— τῇ θύρᾳ, à la porte.
ὁ Λεωνίδας, *Léonidas.*	— τὸν Λεωνίδαν, Léonidas.	— τῷ Λεωνίδᾳ, à Léonidas.
ὁ θάνατος, *la mort.*	— τὸν θάνατον, la mort.	— τῷ θανάτῳ, à la mort.
τὸ ὅπλον, *l'arme.*	— τὸ ὅπλον, l'arme.	— τῷ ὅπλῳ, à l'arme.

ἡ ῥίζα, *la racine.*	— τὴν ῥίζαν, la racine.	— τῇ ῥίζῃ, à la racine.
ὁ Ξέρξης, *Xerxès.*	— τὸν Ξέρξην, Xerxès.	— τῷ Ξέρξῃ, à Xerxès.
ἡ ὁδός, *la route.*	— τὴν ὁδόν, la route.	— τῇ ὁδῷ, à la route.
τὸ ψέλιον, *le bracelet.*	— τὸ ψέλιον, le bracelet.	— τῷ ψελίῳ, au bracelet.
ἡ ἀρχή, *le commandement.*	— τὴν ἀρχήν, le commandement.	— τῇ ἀρχῇ, au commandement.
ἡ ἧττα, *la défaite.*	— τὴν ἧτταν, la défaite.	— τῇ ἧττῃ, à la défaite.

[Élève, p. 17]   **19. Exercice de version.**

1. *Ami*, ne m'abandonne pas dans le *danger*. — **2.** Le poète *Pindare* appelle le *vin* la *rosée* de la *vigne*. — **3.** Les *armes* sont la *parure* du soldat, les *bracelets* [sont celle] de la *jeune fille*. — **4.** *Les lois* ordonnent que les *meurtres* soient punis de *mort*. — **5.** D'abord les soldats apportaient des *pierres*, puis il faisaient un *tertre*. — **6.** Les *Lacédémoniens* ravagèrent complètement les *champs* de l'Attique. — **7.** Les *fruits* des *arbres* tout près des *routes* mûrissent rarement; car les passants les abattent à coups de *pierres*.

[Élève, p. 18]   **20. Exercice étymologique.**

1° Trouvez les mots *latins* et les mots *français* tirés du latin qui ont de l'analogie avec les mots grecs suivants :

ἄγρος, champ ;	**Latin :**	*ager, agri ;*	**Franç. :**	agricole.
θεός, dieu ;	—	*deus, i ;*	—	dieu.
ἄγγελος, messager ;	—	*angelus, i ;*	—	ange.
κάμηλος, chameau ;	—	*camelus, i ;*	—	chameau.
δῶρον, présent ;	—	*donum, i ;*	—	don.

2° Donnez *cinq* mots français dérivés de ἵππος :

1. Hippique (ἱππικός, ή, όν), qui a rapport aux chevaux. — **2. Hippo-drome** (ἵππος, *cheval;* δρόμος, ου, *course*), terrain disposé pour les courses de *chevaux*. — **3. Hippo-phage** (ἵππος;

φάγω, *manger*), qui mange du *cheval*. — 4. **Hippo-potame** (ἵππος ; ποταμός, οῦ, *fleuve*), mammifère amphibie qui vit dans les fleuves de l'Afrique et qui a quelque ressemblance avec le *cheval*. — 5. **Phil-ippe** (φίλος, *qui aime* ; ἵππος), *nom d'homme* signifiant : qui aime les *chevaux*.

3° Rendez par *un seul mot* les expressions suivantes :

Peuplades *qui mangent les hommes :* **anthropo-phages**. — Fleur *qui se tourne au soleil :* **hélio-trope**. — *Cheval de fleuve :* **hippo-potame**. — Iles de la Grèce *disposées en cercle :* **Cycl-ades**. — Machine *qui roule sur une seule roue :* **mono-cycle** ; ... *sur deux roues :* **bi-cycle** ; ... *sur trois roues :* **tri-cycle**. — Tempêtes *tournant en cercle :* **cyclones**. — Méthode qui permet *d'écrire vite :* **tachy-graphie**. — Méthode qui permet de *mesurer vite :* **tachy-métrie**.

[Élève, p. 19]   **21. Exercice oral.**

1° Déclinez ensemble en faisant l'accord :

ὁ ἀγαθὸς ἀδελφός,	le bon frère.
τὸ ἀγαθὸν ὅπλον,	la bonne arme.
ὁ ἀγαθὸς στρατιώτης,	le bon soldat.
ὁ δίκαιος πολίτης,	le citoyen juste.
ἡ μεγάλη ἄμπελος,	la grande vigne.
ἡ δικαία παρθένος,	la jeune fille juste.
ὁ ἀγαθὸς νεανίας,	le bon jeune homme.
ὁ ἔνδοξος ἄνθρωπος,	l'homme illustre.

[Ne comporte pas de corrigé].

2° Mettez.les mots suivants aux cas indiqués *en donnant toujours le sens :*

Acc. pl.	τοὺς ἵππους, les chevaux,	τὰς ξηρὰς βαλάνους, les glands secs,	τὰ θηρία. les bêtes sauvages.
Gén. sing.	τοῦ δανείου, de la dette,	τῆς ἡδείας δρόσου, de la rosée agréable,	τοῦ δένδρου. de l'arbre.
Dat. sing.	τῇ παρθένῳ, à la vierge,	τῇ λυπηρᾷ ὁδῷ, à la route désagréable,	τῷ δεσμωτηρίῳ. à la prison.
Voc. sing.	ὦ φίλε, ami !	ὦ σύμμαχε, ô allié,	ὦ παρθένε. jeune fille !
Gén. duel.	τοῖν θεαῖν, des deux déesses,	τοῖν δούλοιν, des deux esclaves,	τοῖν θηρίοιν. des deux bêtes.

[Élève, p. 19] **22. Exercice de thème.**

1. Οἱ Πέρσαι ἵππους θύουσιν Ἡλίῳ. — **2.** Ἄγγελον ταχὺ πέμπε πρὸς τοὺς **ἀδελφούς.** — **3.** Ὦ δοῦλε, κόμιζε οἶνον τῷ **στρατηγῷ.** — **4.** Σωκράτης ἐν **δεσμωτηρίῳ** διελέγετο ἡσύχως τοῖς **ἑταίροις.** — **5.** Τὰ τῶν ὑλῶν **θηρία** σιτοῦνται πόᾳ καὶ **βαλάνοις** καὶ ῥίζαις. — **6.** Ἐν τῷ **Αἰγιαίῳ πόντῳ** εἰσὶν **νῆσοι** ἐν **κύκλῳ** διατεταγμέναι. — **7.** Οἱ **κάμηλοι** ἐφόβουν τοὺς ἵππους. — **8.** Οἱ **πολέμιοι πύργους** ᾠκοδόμουν πρὸς τῷ **ποταμῷ.** — **9.** Τὰ **δάνειά** ἐστιν **ὄλεθρος** τῆς ἐλευθερίας τοῖς ἀνθρώποις.

ADJECTIFS MASCULINS EN ος; ADJECTIFS NEUTRES EN ον.

(Gr., §§ 54 et 55.)

[Élève, p. 21] **23. Exercice de version.**

1. Le travail est un trésor *précieux*. — **2.** Il faut qu'un philosophe soit *ami* de la vérité et de la justice. — **4.** Les hommes *justes* pardonnent aisément leur injustice aux *autres* hommes. — **4.** Il y a dans l'enclos *sacré* des coteaux *couverts* d'arbres. — **5.** La réputation accompagne une œuvre *difficile* et *utile*. — **6.** Les dieux manifestent leur pensée dans des signes *célestes*. — **7.** Les élèves *paresseux* et *bavards* sont punis justement par leurs maîtres. — **8.** Les vainqueurs trouvaient non seulement de *beaux* chevaux *de race* dans les enclos, mais encore du blé *nouveau* dans les maisons.

[Élève, p. 21] **24. Exercice de thème.**

1. Ἄδικος πλοῦτος οὐδέποτε **βέβαιός** ἐστιν. — **2.** Οἱ πονηροὶ οἴκτου μᾶλλον ἢ ἔχθρας **ἄξιοί** εἰσιν. — **3.** Ὁ τῶν Ἀθηναίων δῆμος **ἐλεύθερος** εἶναι ἐβούλετο. — **4.** Κήπους εἴδομεν ἄρτι **καλῶν** δένδρων καὶ **ὡραίων** καρπῶν **μεστούς.** — **5.** Ὦ μαθητά, πείθου τοῖς τοῦ διδασκάλου **σοφοῖς** λόγοις. — **6.** Ἡ γλῶττα ἐνίοτε **δεινῶν** κακῶν ἐστιν αἰτία.

— **7.** Ἐν τῷ χωρίῳ ἐστὶ **παντόδαπα** θηρία. — **8.** Οἱ παλαιοὶ ἄνθρωποι ᾤκουν ἐν ἄντροις. — **9.** Οἱ δοῦλοι προσέφερον εἰς τὴν τράπεζαν οἶνον καὶ ἄρτον καὶ τυρὸν καὶ **παντοδάπους** καρπούς. — **10.** Οὔκ ἐστι **φρονίμου** στρατηγοῦ κινδυνεύειν ἐν πολέμῳ.

TROISIÈME DÉCLINAISON

[Élève, p. 22]   **25. Exercice étymologique.**

Trouvez des mots français formés des mots grecs suivants :

ἱερός, *sacré :* hiératique ; hiér-archie, hiér-archique ; hiéro-glyphe hiéro-glyphique.

νέος, *nouveau :* néo-logie, néo-logique, néo-logisme ; néo-phyte.

παλαιός, *ancien :* paléo-graphe, paléo-graphie ; palé-ontologie, palé-ontologiste.

κακός, *mauvais :* caco-logie ; caco-phonie.

δῆμος, *peuple :* démo-crate, démo-cratie, démo-cratique.

οἶκος, *maison :* éco-nome, éco-nomat, éco-nomie, éco-nomique, éco-nomiquement, éco-nomiser, éco-nomiste.

πόλεμος, *guerre :* polém-ique, polém-iste.

ὄρνις, **ὄρνιθος**, *oiseau :* ornitho-logie, ornitho-logiste, ornitho-logue.

παῖς, **παιδός**, *enfant :* péd-agogie, péd-agogique, péd-agogue.

πολύς, *nombreux :* poly-chrome, poly-game, poly-glotte, poly-gone, Poly-nésie, poly-syllabe, poly-technique, poly-théisme.

SUBSTANTIFS MASCULINS ET FÉMININS SUR **κόραξ**.

(Gr., §§ 57-61.)

[Élève, p. 23]   **26. Exercice oral.**

1° Déclinez en faisant l'accord :

ἡ μικρά κλῖμαξ, la petite échelle, *gén.* τῆς μικρᾶς κλίμακος ;
ἡ μέλαινα αἴξ, la chèvre noire, *gén.* τῆς μελαίνης αἰγός ;
ὁ σοφός κῆρυξ, l'habile héraut, *gén.* τοῦ σοφοῦ κήρυκος.

[Ne comporte pas de corrigé.]

BIBLIOTHÈQUE NATIONALE

2º Analysez les mots suivants; donnez-en le nominatif et le génitif singuliers, ainsi que *la traduction* :

τὴν κλίμακα,	acc. sing.	de (ἡ) κλῖμαξ, μακος, — l'escalier.
τῷ μύρμηκι,	dat. sing.	de (ὁ) μύρμηξ, -μηκος, — à la fourmi.
τῶ παῖδε,	nom.-acc. duel	de (ὁ) παῖς, παιδός, — les deux garçons.
τῶν ὀρνίθων,	gén. pl.	de (ὁ ou ἡ) ὄρνις, -νιθος, — des oiseaux.
τῶν τεττίγων,	gén. pl.	de (ὁ) τέττιξ -τιγος, — des cigales.
τὰς αἶγας,	acc. pl.	de (ἡ) αἴξ, -αἰγός, — les chèvres.
ταῖς φλοξίν,	dat. pl.	de (ἡ) φλόξ, -φλογός, — aux flammes.
ταῖς φοίνιξιν,	dat. pl.	de (ἡ) φοῖνιξ, -ικος, — aux palmiers.
τοῖν ὀρνίθοιν,	gén.-dat. duel	de ὄρνις, — des (aux) oiseaux.

[Élève, p. 23]　　**27. Exercice de version.**

1. Le pays est propre à nourrir des *chèvres* (convient à l'élevage des chèvres). — **2.** En Assyrie, les portes des maisons se faisaient en [bois de] *palmier*. — **3.** De la poix et de l'étoupe produisent promptement une *flamme* abondante. — **4.** La *cigale* est amie de la *cigale*, la *fourmi* est amie de la *fourmi*. — **5.** [C'est] pendant la *nuit* [que] le conseil vient aux hommes (la nuit porte conseil). — **6.** Hier, en forêt, nous avons vu beaucoup d'*oiseaux* et de *chevreuils*. — **7.** Nous descendrons facilement du haut de l'*échelle*. — **8.** Les *enfants* des *princes* firent une [partie de] chasse. — **9.** Le général ordonna au *héraut* de convoquer l'assemblée, et les soldats, ayant entendu le *héraut*, accoururent sur-le-champ.

[Élève, p. 24]　　**28. Exercice étymologique.**

Rendez par *un seul mot* français les expressions suivantes :

Ver de l'intestin *fin comme un cheveu* : **trichine** (θρίξ, τριχός, *cheveu*); — maladie *produite par la trichine* : **trichinose**. — Partie du corps formant *cuirasse* : **thorax** (θώραξ, θώρακος). — Eau *qui guérit les maux de dents* : **odontalgique** ((ὀδούς, ὀδόντος, *dent* ; ἄλγος, *souffrance*). — Être *tout petit* (qui se développe dans certaines maladies) : **microbe** (μικρός, *petit*). — Instrument avec lequel on *mesure* les objets *très petits* : **micro-mètre** (μικρός, *petit* ; μέτρον, ου, *mesure*). — Réunion de *petites îles* (dans l'Océanie) : **Micro-nésie** (μικρός, *petit* ; νῆσος, ου, *île*). — Instrument avec lequel on *examine* les objets *très petits* : **micro-scope** (μικρός;

σκοπεω-ῶ, *j'examine*). — Individu qui fait métier de prendre sa *nourriture chez* les autres : **para-site** (παρά, *chez*; σῖτος, ου, *nourriture*).

[Élève, p. 25]　　　**29. Exercice oral.**

1º Mettez les mots suivants aux cas indiqués, *en donnant toujours le sens :*

Gén. sing.	τοῦ θώρακος, de la poitrine,	τῆς τριχός, du cheveu,	τοῦ Διός. de Zeus.
Gén. pl.	τῶν ὀδόντων, des dents,	τῶν νυκτῶν, des nuits,	τῶν Θρακῶν. des Thraces.
Acc. sing.	τὸν Αἰθίοπα, l'Éthiopien,	τὴν νεότητα, la jeunesse,	τὸν παῖδα. l'enfant.
Acc. pl.	τοὺς ὄνυχας, les ongles,	τὰς τίγριδας, les tigres,	τὰς ὄρνιθας. les oiseaux.
Dat. sing.	τῷ φύλακι, au gardien,	τῇ σάλπιγγι, à la trompette,	τῷ ἄνακτι. au prince.

2º Traduisez en grec, aux cas indiqués, les mots suivants :

Nom. pl. οἱ ὄδοντες, — οἱ φοβεροὶ ὄνυχες.

Gén. pl. τῶν φυλάκων, — τῶν ὀρνίθων, — τῶν οὔλων τριχῶν.

Acc. sing. τὸν κήρυκα, — τὸν Δία, — τὴν μεγάλην φλόγα.

Acc. pl. τοὺς θώρακας, — τοὺς ὄρτυγας, — τοὺς μέλανας Αἰθίοπας.

Dat. pl. τοῖς θώραξιν, — ταῖς κλίμαξιν, — πολλαῖς φοίνιξιν.

Voc. sing. ὦ φίλε παῖ, — ὦ ἀγαθὲ ἄναξ, — ὦ φοβερὲ Ζεῦ.

[Élève, p. 25]　　　**30. Exercice de thème.**

1. Θρακός τὸν **θώρακα** ἐκ τῆς μάχης ἀνεφερόμην τροπαῖον. — **2.** Πολλάκις μικρὸς σπινθὴρ μεγάλην τίκτει **φλόγα.** — **3.** Μακαρίζομεν τὴν **νεότητα.** — **4.** Ἦρος τῇ τῶν **ὀρνίθων** φωνῇ τερπόμεθα. — **5.** Χθὲς διὰ **νυκτὸς** κλέπτης παρεισῆλθεν εἰς τὴν οἰκίαν τοῦ **φύλακος.** — **6.** Ἀκούσατε τὴν **σάλπιγγα** (*ou* τῆς **σάλπιγγος**). — **7.** Οἱ τῶν Περσῶν **παῖδες** παρὰ τῷ διδασκάλῳ ἐσιτοῦντο. — **8.** Ἐν τῇ Ἀραβίᾳ

πολλαί εἰσιν ἄγριαι **αἶγες** καὶ **δορκάδες** καὶ **ὠτίδες**. —
9. Οἱ Αἰθίοπες τὰς **τρίχας** ἔχουσι μελαίνας καὶ οὔλας. —
10. Οἱ ὀδόντες καὶ οἱ ὄνυχες τῶν **τιγρίδων** φοβεροί εἰσιν.

[Élève, p. 26]   **31. Exercice étymologique.**

Donnez le sens étymologique des mots suivants :

Agonie (ἀγωνία) : *lutte* suprême contre la mort; de ἀγών,
ἀγῶνος, *lutte*. — **Hégémonie** (ἡγεμονία) : action de diriger, de
guider; de ἡγεμών, ἡγεμόνος, *guide*. — **Chirurgie** (χειρουργία) :
ouvrage de la *main*; de χείρ, χειρός, *main*, et ἔργον, ου, *ouvrage*.
— **Hypo-gée**, *souterrain*: de ὑπὸ, *sous*, et γῆ, γῆς, *terre*. — **Syna-
gogue** (συναγωγή), action de *conduire*, de réunir *ensemble*, c.-à-d.
assemblée (σύν, *avec*; ἄγω, *je conduis*).

SUBSTANTIFS MASCULINS ET FÉMININS SUR ἀηδών.

(Gr., §§ 57-62.)

[Élève, p. 27]   **32. Exercice oral.**

1° Analysez les mots suivants; donnez-en le nominatif et le génitif
singuliers, ainsi que *la traduction* :

τὸν ἀγῶνα,	acc. sing. m.	de (ὁ) ἀγών, -ῶνος, — la lutte.
τοῦ κρατῆρος,	gén. sing. m.	de (ὁ) κρατήρ, -ῆρος, — du cratère.
τῶν χειρῶν,	gén. pl. f.	de (ἡ) χείρ, χειρός, — des mains.
τῇ χιόνι,	dat. sing. f.	de (ἡ) χιών, -όνος, — à la neige.
ταῖς χερσίν,	dat. pl. f.	de (ἡ) χείρ, χειρός, — aux mains.
ὦ Ἕλληνες,	voc. pl. m.	de (ὁ) Ἕλλην, -ηνος, — Grecs!
τὼ ποιμένε,	nom.-acc. duel, m.	de (ὁ) ποιμήν, -ένος, — les deux bergers.
τοὺς γέροντας,	acc. pl. m.	de (ὁ) γέρων, -οντος, — les vieillards.
τοῖς κρατῆρσιν,	dat. pl. m.	de (ὁ) κρατήρ, -ῆρος, — aux cratères.
τὸν λειμῶνα,	acc. sing. m.	de (ὁ) λειμών, -ῶνος, — la prairie.
τῶν χηνῶν,	gén. pl. m.	de (ὁ, ἡ) χήν, χηνός, — des oies.
τοῖν ἀρχόντοιν,	gén.-dat. duel, m.	de (ὁ) ἄρχων, -οντος, — des (aux) deux magistrats.

2° Donnez *avec le sens* le génitif et l'accusatif singuliers de chacun des mots suivants :

ὁ λειμών, *la prairie.*	Gén. : τοῦ λειμῶνος, de la prairie.	Acc. : τὸν λειμῶνα. la prairie.
ὁ ἀγών, *la lutte.*	— τοῦ ἀγῶνος, de la lutte.	— τὸν ἀγῶνα. la lutte.
ὁ ἡγεμών, *le guide.*	— τοῦ ἡγεμόνος, du guide.	— τὸν ἡγεμόνα. le guide.
ἡ χιών, *la neige.*	— τῆς χιόνος, de la neige.	— τὴν χιόνα. la neige.
ὁ γέρων, *le vieillard.*	— τοῦ γέροντος, du vieillard.	— τὸν γέροντα. le vieillard.
ὁ Ἕλλην, *le Grec.*	— τοῦ Ἕλληνος, du Grec.	— τὸν Ἕλληνα. le Grec.
ὁ χήν, *l'oie.*	— τοῦ χηνός, de l'oie.	— τὸν χῆνα. l'oie.
ὁ ποιμήν, *le berger.*	— τοῦ ποιμένος, du berger.	— τὸν ποιμένα. le berger.
ἡ χείρ, *la main.*	— τῆς χειρός, de la main.	— τὴν χεῖρα. la main.
ὁ δῆμος, *le peuple.*	— τοῦ δήμου, du peuple.	— τὸν δῆμον. le peuple.
ὁ στρατιώτης, *le soldat.*	— τοῦ στρατιώτου, du soldat.	— τὸν στρατιώτην. le soldat.
ἡ θάλαττα, *la mer.*	— τῆς θαλάττης, de la mer.	— τὴν θάλατταν. la mer.

[Élève, p. 27] **33. Exercice de version.**

1. Zeus était proclamé par les *Grecs* le père des dieux et des hommes. — **2.** L'armée marchait avec peine à travers une *neige* épaisse, ayant un grand nombre de *guides*. — **3.** Enfants, essuyez vos *mains*. — **4.** Puisque tu es jeune, écoute le *vieillard*. — **5.** Les *bergers* conduisent leurs troupeaux dans les *prairies*. — **6.** Chez les Athéniens il y avait des *combats* de cailles ainsi que de *coqs*. — **7.** Dans le *cratère*, il y avait du poison mélangé au vin. — **8.** Les *magistrats* de Sparte (*littéral.*: des Spartiates) recherchaient avec soin l'or et l'argent dans les maisons des citoyens. — 9. Le bouc a de la *barbe* longue sous le menton.

[Élève, p. 28] **34. Exercice étymologique.**

Trouvez des mots français formés par les groupes de mots grecs suivants :

Εἰκών *et* κλάω : **icono-claste**, *briseur d'images;* — εἰκών *et* γράφω : **icono-graphe**, qui s'occupe de la *description* des *images* ; — **icono-lâtre**, qui *adore* les *images*. — Ὀλίγος *et* ἀρχή : **olig-archie**, gouvernement où le *pouvoir* est entre les mains de *peu* de personnes. — Μόνος *et* ἀρχή : **mon-archie**, gouvernement où le *pouvoir* est entre les mains d'*un seul*. — Μόνος *et* συλλαβή : **mono-syllabe**, mot d'*une seule syllabe*. — Μόνος *et* γράμμα : **mono-gramme**, réunion de plusieurs *lettres* formant *un seul* caractère. — Μόνος *et* λίθος : **mono-lithe**, formé d'*une seule pierre*. — Μόνος *et* λόγος : **mono-logue**, scène où un personnage *parle seul*. — Μόνος *et* μανία : **mono-manie**, *folie* caractérisée par une préoccupation *unique*.

[Élève, p. 29] **35. Exercice oral.**

1º Déclinez en faisant l'accord :

ὁ εὐδαίμων γέρων,	l'heureux vieillard ;
ὁ μακρὸς πώγων,	la longue barbe ;
ἡ μικρὰ εἰκών,	la petite image ;
ἡ μέλαινα χελιδών,	l'hirondelle noire.

[Ne comporte pas de corrigé.]

2º Mettez les mots suivants aux cas indiqués, en donnant *toujours le sens :*

Acc. sing.	τὸν γείτονα,	τὴν ἀηδόνα,	τὸν λιμένα.
	le voisin,	le rossignol,	le port.
Gén. pl.	τῶν λεόντων,	τῶν πανθήρων,	τῶν θεραπόντων.
	des lions,	des panthères,	des serviteurs.
Dat. sing.	τῷ ἄρχοντι,	τῷ αὐχένι,	τῷ χειμῶνι.
	au magistrat,	au cou,	à l'hiver.
Dat. pl.	ταῖς χελιδόσιν,	τοῖς γείτοσιν,	τοῖς χιτῶσιν,
	aux hirondelles,	aux voisins,	aux tuniques.
Voc. sing.	ὦ θέραπον,	ὦ λέον,	ὦ γεῖτον.
	serviteur !	lion !	voisin !

[Élève, p. 29]   **36. Exercice de thème.**

1. Πρόκνη μὲν ἐγένετο **χελιδών,** Φιλομήλα δὲ **ἀηδών.** — **2.** "Αρχοντι προσήκει οὐ μαλακίᾳ ἀλλὰ καρτερίᾳ τῶν ἰδιωτῶν περιεῖναι. — **3.** Ἀλέξανδρος τὸν **αὐχένα** λίθῳ βιαίως ἐβλήθη ὑπὸ τῶν πολεμίων. — **4.** Οἱ "Ελληνες ἀπέπεμψαν τοὺς **ἡγεμόνας,** δῶρον δόντες ἵππους καὶ **χιτῶνας.** — **5.** "Ω παῖ, ἀποδίδου τὰς **εἰκόνας** τῷ **γείτονι.** — **6.** Τοῖν **λιμένοιν** ἔνδοξος ἦν ἡ Κόρινθος. — **7.** Χειμῶνος, ἡ ὁδὸς ἦν ἄπορος διὰ **χιόνα.** — **8.** "Ω **θέραπον,** κόμιζε τὸν **κρατῆρα.** — **9.** Αἱ τῆς Λιβύης ὗλαι ἦσαν πάλαι μεσταὶ **λεόντων** καὶ **πανθήρων.** — **10.** Οἱ Πέρσαι ὑπ' ὀλίγων **Ἑλλήνων** αἰσχρῶς ἐνικήθησαν ἐν **Μαραθῶνι.**

[Élève, p. 30]   **37. Exercice étymologique.**

Donnez le sens étymologique des mots suivants :

Hémat-émèse, vomissement de sang (αἷμα, αἵματος, *sang;* ἐμεω-ῶ, *je vomis*). — **Hémo-ptysie,** crachement de sang (αἷμα ; πτύω, *je crache*). — **Hémo-rragie,** écoulement de sang (αἷμα ; ῥήγνυμι, *je fais jaillir*). — **Galacto-mètre,** qui mesure le lait (au point de vue de la pureté), (γάλα, γάλακτος, *lait; μέτρον, mesure*). — **Mathématiques,** sciences (μάθημα, *science*). — **Pneumatique,** qui a rapport à l'air (πνεῦμα, πνεύματος, *air*). — **Pneumonie,** maladie du poumon (πνεύμων, πνεύμονος, *poumon*). — **Pyrite** (*fém.*), produit par le feu (πῦρ, πυρός, *feu*). — **Pyro-technie,** art du feu (πῦρ ; τέχνη, *art*). — **Mécanique,** qui a rapport aux machines (μηχανή, *machine*).

SUBSTANTIFS NEUTRES SUR σῶμα.

(Gr., § 63.)

[Élève, p. 31]   **38. Exercice de version.**

1. Les *traits* des Barbares portaient en avant du camp. — **2.** La *richesse* ne fait pas le bonheur. — **3.** C'est dans le *feu* qu'on éprouve l'or. — **4.** Ceux qui dorment dans les vaisseaux sont portés automatiquement vers un port par le *vent*. — **5.** Il faut qu'un chef militaire sache toujours trouver les *ruses de guerre* [à employer] contre les ennemis. — **6.** Un petit nombre de *chars* sont prêts pour la guerre.

— **7.** Les Nymphes nourrissaient Zeus avec le *lait* de la chèvre Amalthée. — **8.** Il convient aux adolescents d'exercer leur *corps*. — **9.** Comment vont les *affaires* de la Grèce?

[Élève, p. 31]   **39. Exercice de thème.**

1. Τὰ μαθήματά ἐστι βέβαια **κτήματα**. — **2.** Ἄβουλοι παῖδες **πῦρ** ἔκαυσαν ἐν τῇ ὕλῃ. — **3.** Μία χελιδὼν ἦρ οὐ ποιεῖ. — **4.** Ἡ θήρα γυμνάζει τὰ τῶν ἐφήβων **σώματα** ὁδοιπορίαις καὶ δρόμοις. — **5.** Τὰ νήπια **γάλακτι** τρέφεται. — **6.** Ὁ ἀστρολόγος τὰ ἄστρα σκοπῶν εἰς **φρέαρ** ἔπεσεν. — **7.** Οἱ μύρμηκες **μέλιτι** χαίρουσιν. — **8.** Ὁ στρατιώτης τὸ **στόμα** ἐτρώθη καὶ **αἷμα** ἔρρει ἐκ τοῦ **τραύματος**.

[Élève, p. 32]   **40. Exercice étymologique.**

Donnez le sens étymologique des mots suivants :

Gyp-aëte : aigle-vautour (γύψ, γυπός, *vautour ;* ἀετός, οῦ, *aigle*). — **Dory-phore** : porte-lance (δόρυ, δόρατος, *lance ;* φέρω, *je porte*). — **Rhino-céros** : *corne* sur le *nez* (ῥίς, ῥινός, *nez ;* κέρας, κέρατος, *corne*). — **Hydr-aulique** : *tuyau* (d'orgue) mis en mouvement par l'*eau* (ὕδωρ, *eau ;* αὐλός, οῦ, *tuyau*). — **Hydre** : serpent d'*eau*. — **Hydro-céphale** : *eau* dans la *tête* (ὕδωρ ; κεφαλή, ῆς, *tête*). — **Hydropisie** : accumulation d'*eau* (ὕδωρ). — **Hydro-gène** : qui donne *naissance* à l'*eau* (ὕδωρ ; γένος, *naissance*). — **Hydro-mel** : eau de miel (ὕδωρ ; μέλι, -ιτος, *miel*). — **Hydro-phobe** : qui a *peur* de l'*eau* (ὕδωρ ; φόβος, ου, *crainte*).

FORMATION DU DATIF PLURIEL. — SUBSTANTIFS EN ις.

[Élève, p. 33]   **41. Exercice de version.**

I. — **1.** Les chasseurs font la guerre non seulement aux *animaux sauvages*, mais encore aux *oiseaux*. — **2.** Dans les forêts de l'Europe nous ne rencontrons ni *lions*, ni *tigres*, ni *rhinocéros*, ni *éléphants*, mais des *renards*, des loups, des cerfs, des *chevreuils*, des *porcs* sauvages. — **3.** Nous avons confiance en nos *guides*. — **4.** [C'est] dans les *cratères* [qu'] on mélangeait l'eau au vin. — **5.** Le sage n'échange pas la vertu pour les *richesses*.

II. — **1.** Que crains-tu, soldat? N'as-tu pas un casque, une cuirasse, des *jambarts*, un *bouclier* et une lance? — **2.** Un *bon office* engendre un *bon office*, une *dispute* engendre une *dispute*.

[Élève, p. 33]   **42. Exercice de thème.**

I. — **1.** Οἱ λέοντες τοῖς ἐλάφοις καὶ τοῖς **δορκάσι** πολεμοῦσιν. — **2.** Παρακελευόμεθα τοῖς **παῖσι** πείθεσθαι τοῖς **ἄρχουσιν.** — **3.** Μὴ πολεμεῖτε ταῖς **χελιδόσι** μήτε ταῖς **ἀηδόσι,** ἀλλὰ τοῖς **γυψὶ** καὶ τοῖς **κόραξιν.** — **4.** Ὁ τῶν Περσῶν στρατὸς ἐξωπλίζετο καλοῖς μὲν **χιτῶσι,** καλοῖς δε **θώραξιν.** — **5.** Ὄνυξι καὶ **ὀδοῦσιν** ἀπομαγούμεθα.

II. — **1.** Ὁ στρατιώτης ἀνδρείως τὴν **ἀσπίδα** καὶ τὸ δόρυ φέρει. — **2.** Οἱ δειλοὶ προδίδουσιν τὴν **πατρίδα.** — **3.** Χάριν, ὦ νεανίαι, ὀφείλετε τοῖς διδασκάλοις.

RÉCAPITULATION

[Élève, p. 34]   **43. Exercice de version.**

1. Sur la route nous avons rencontré des pierres, des ravins, des précipices, des rochers, des cours d'eau ou bien encore des bêtes sauvages, des reptiles, des épines et autres embarras ou obstacles de tout genre. — **2.** A la chasse, les adolescents non seulement exercent leur corps par la marche et la course, mais encore excitent leur âme par le danger. — **3.** Je prie les dieux de donner le bonheur à mes enfants, à ma femme, à mes amis, à ma patrie. — **4.** Ceux qui chassent les lions font des trous et dans les trous placent une chèvre. — **5.** Nous nous coupons les ongles et les cheveux.

[Élève, p. 34]   **44. Exercice de thème.**

1. Οἱ νεανίαι καὶ αἱ παρθένοι σιωπῇ κατεδάκρυον. — **2.** Γράφονται οἱ Πέρσαι ἔχοντες θώρακα καὶ γέρρον ἐν τῇ ἀριστερᾷ καὶ μάχαιραν ἢ ἀκινάκην ἐν τῇ δεξιᾷ. — **3.** Πείθεσθε τοῖς ἄρχουσι καὶ τοῖς νόμοις. — **4.** Ὁ μὲν στρατηγὸς ἐκέλευσε τὸν κήρυκα συλλέξαι τὴν ἐκκλησίαν· οἱ δὲ στρατιῶται τοῦ κήρυκος ἀκούσαντες ταχέως συνέδραμον. — **5.** Οἱ τῶν Σπαρ-

τιατῶν ἄρχοντες χρυσίον τε καὶ ἀργύριον ἐν ταῖς τῶν πολιτῶν
οἰκίαις ἐρευνῶσιν. — **6.** Τὼ ὀφθαλμὼ γλαυκὸς ἐλαμπέτην ἐν
σκότῳ.

[Élève, p. 35]   **45. Texte d'application.**

L'OMBRE DE L'ANE

Un jour, dans une assemblée du peuple, les Athéniens
empêchant Démosthène de parler, celui-ci déclara qu'il
n'avait que quelques mots à leur dire. Les Athéniens se
turent.

« Un jeune homme, dit l'orateur, avait loué un âne un
jour d'été et se rendait à Mégare, suivi de l'ânier; on était
au milieu du jour, le soleil était brûlant, et chacun d'eux
voulait s'abriter sous l'ombre de l'âne. Ils se repoussaient
l'un l'autre, l'un disant qu'il avait loué l'âne et non l'ombre
de l'âne, l'autre prétendant qu'ayant pris l'âne en location,
il en avait l'entière jouissance. »

Ayant ainsi parlé, Démosthène se retirait. Mais les
Athéniens, captivés par le récit, réclamaient une conclusion.
« Eh quoi, s'écria l'orateur, vous voulez m'écouter quand
je parle de l'ombre d'un âne et quand j'aborde un sujet
sérieux, vous ne le voulez pas ! »

CHAPITRE II

I. — TROIS CLASSES D'ADJECTIFS

ADJECTIFS SUR ἐλεύθερος, ἀγαθός, ἔνδοξος (1ᵉ classe).

(Gr., §§ 68-70.)

[Élève, p. 37]   **46. Exercice de version.**

1. Les élèves *studieux* sont toujours *estimés.* — **2.** *Banal*
est le mot d'amitié, mais *rare* est l'amitié. — **3.** La terre
produit les fruits *nécessaires* à la vie et les métaux *utiles* aux
arts. — **4.** Nous avons un corps *mortel* et une âme *immor-*

telle. — **5.** [C'est] dans les affaires *difficiles* [que] nous éprouvons sûrement les amis *fidèles*. — **6.** [C'est] avec le visage *impassible* [que] Socrate but la ciguë. — **7.** Il faut que les lois soient *justes*. — **8.** Les lois des Athéniens et celles des Lacédémoniens étaient complètement *différentes*. — **9.** Il tomba une *immense* [quantité de] neige. — **10.** Le danger est la pierre de touche *qui convient* au courage.

[Élève, p. 37]   **47. Exercice de thème.**

1. Ἐξαίφνης ἐφάνη κονιορτὸς ὥσπερ **νεφέλη** λευκή. — **2.** Πολλάκις **κούφαις** ἐλπίσι τερπόμεθα. — **3.** Αὐτάρκειά ἐστιν **ἀναγκαῖα** τοῖς ἀθληταῖς. — **4.** Ἆρα τὼ χεῖρε **καθαρὰ** ἔχεις; — **5.** Πρὸς θανάτῳ οἱ πένητες καὶ οἱ πλούσιοι πάνυ **ἴσοι** εἰσίν. — **6.** Φιλοκτήτης αἰσχρῶς ὑπὸ τῶν Ἑλλήνων ἀπελείφθη ἐν **ἐρήμῳ** νήσῳ. — **7.** Μὴ ἔχθαιρε φίλους διὰ μικρὸν ἁμάρτημα. — **8.** Οἱ σοφισταὶ ἱκανοὶ ἦσαν **καλοὺς** καὶ **μακροὺς** λόγους ποιεῖσθαι. — **9.** Ἄδικος οὐσία οὐδέποτε **βέβαιός** ἐστιν. — **10.** Ὀρθὴν μὲν εἵλοντο ὁδὸν, ἀπόρευτον δὲ τοῖς ἅρμασιν.

ADJECTIFS SUR **εὐδαίμων** ET **μέλας** (2ᵉ et 3ᵉ classes).

(Gr., §§ 71-72.)

[Élève, p. 39]   **48. Exercice de version.**

I (§ 71). — **1.** Les pauvres parfois sont *heureux*. — **2.** Nous savons bien que les hommes *sensés* ne sont pas *oublieux* des services reçus. — **3.** C'est surtout aux gens *intelligents* et aisés qu'il convient d'assister les *malheureux*. — **4.** Seuls les cerfs *mâles* ont des bois (des cornes).

II (§ 72). — **1.** L'idée semblait *plaisante*, mais l'exécution impossible. — **2.** Les avares défendent leur or avec les dents, avec les ongles, par *tous* les moyens. — **3.** De *toute* la Grèce des soldats furent levés contre Troie à cause d'Hélène. — **4.** Il est *agréable* d'instruire des enfants *qui travaillent sans contrainte*. — **5.** Les Éthiopiens ont le corps *noir*.

[Élève, p. 39]   **49. Exercice de thème.**

I (§ 71). — **1.** Τοὺς καλοὺς κἀγαθοὺς ἀνθρώπους φημὶ **εὐδαίμονας** εἶναι. — **2.** Οὐ ῥᾴδιόν ἐστι μαθηταῖς **ἀπράγμοσι** γενέσθαι **ἐπιστήμοσι** τῶν γραμμάτων. — **3.** Δεῖ τοὺς **ἔμφρονας** τῶν ἀνθρώπων μάλιστα εἶναι **φιλόφρονας**. — **4. Κακοδαίμων οὖσα,** παρέξω ἐμαυτὴν **ἐλεήμονα** τῶν **κακοδαιμόνων.**

II (§ 72). — **1. Χαρίεντά** γε δῶρα τοῖς θεοῖς φέρεις. — **2.** Ὁ σοφὸς εὐεργετεῖ τοὺς φίλους καὶ **ἄκοντας**. — **3.** Οὐ **πᾶσα γῆ πάντα** καρπὸν φέρει. — **4.** Οὔτε **μέλαιναν** τὴν κόμην ἔχεις οὔτε **μέλανα** τὰ ὄμματα.

II. — ADJECTIFS PRIS SUBSTANTIVEMENT

(Gr., § 73.)

[Élève, p. 41]   **50. Exercice de version.**

1. *Les anciens* croyaient que les cygnes étaient des oiseaux prophétiques. — **2.** Les dieux ont le pouvoir de rendre *les grands* rapidement petits et de sauver facilement *les petits.* — **3.** [C'est] au marché que sont *les denrées.* — **4.** *Les biens* des ennemis étaient aux [mains des] vainqueurs. — **5.** La terre produit toutes *les belles choses* et toutes *les bonnes choses.* — **6.** *Les gens de bien* ne sont pas atteints par les paroles *des méchants.* — **7.** On apprend *bien des choses* à l'école de la faim (*littéral.* : la faim devient une maîtresse d'école de *bien des choses*). — **8.** Un ami fidèle partage et *nos biens* et *nos maux.* — **9.** Il est *beau* de commander à ses passions. — **10.** *Les honnêtes gens* essayent de conduire *les autres* dans la direction de *l'honnêteté*, et les *gens pervers* dans la direction *de la perversité.*

[Élève, p. 41]   **51. Exercice de thème.**

1. Αἱ τέχναι πηγαί εἰσι τῶν **καλῶν**. — **2.** Ἡ γλῶττα **πολλοὺς** εἰς ὄλεθρον ἤγαγεν. — **3.** Οἱ θεοὶ **τοὺς ἀγαθοὺς** θεραπεύουσιν. — **4.** Οἱ **κακοὶ** τοῖς θεοῖς καὶ τοῖς ἀνθρώποις ἐχθροί εἰσιν. — **5. Καλόν** ἐστιν ἡ ἐπιστήμη. — **6.** Οὐδαμῶς βέβαιά ἐστι τὰ παρὰ τῆς τύχης.

[Élève, p. 42] **52. Exercice étymologique.**

Trouvez des mots français dérivés des mots grecs suivants :

ἴσος (*égal*) : iso-cèle, iso-chrome, iso-therme. — ὅμοιος (*semblable*) : homéo-pathe, homéo-pathie. — ὀρθός (*droit*) : ortho-doxe, ortho-graphe, ortho-pédie. — μνήμων (*qui se souvient*) : mnémonique, mnémo-technie. — ζῷον (*animal*) : zoo-lithe, zoo-logie, zoo-phyte. — κύων, κυνός (*chien*) : cynisme, cynique, cyn-égétique, cyno-céphale. — ὕπνος (*sommeil*) : hypnotisme, hypnotique. — κόσμος (*monde*) : cosmo-graphie, cosmo-polite. — νέκρος (*un mort*) : nécro-loge, nécro-logie, nécro-mancie, nécro-pole.

III. — COMPARATIF ET SUPERLATIF

(Gr., §§ 76-81.)

[Élève, p. 43] **53. Exercice de version.**

1. Citoyens, montrez-vous *plus courageux* et *plus confiants.* — **2.** La peine et le plaisir sont choses *fort différentes.* — **3.** Il n'y a rien de *plus aimable* que la vertu. — **4.** Critias fut *le plus coléreux* et *le plus sanguinaire* des Trente. — **5.** Cyrus, dans son enfance (le jeune Cyrus) était *le plus respectueux, le plus actif, le plus intelligent* des enfants de son âge, et paraissait être *le plus digne* de commander à tout le monde. — **6.** Ne croyez-vous pas que Pénélope fut *la plus vertueuse* de toutes les femmes de la Grèce ? — **7.** Il paraît *plus agréable* à beaucoup d'hommes de parler que d'écouter.

[Élève, p. 43] **54. Exercice de thème.**

1. Οἱ μύοντες **τυφλότατοί** εἰσι τῶν τυφλῶν. — **2.** Τῶν **ἐνδοξοτάτων** ποιητῶν ἀναγνώσομεν τὰ **σεμνότατα.** — **3.** Θανάτῳ οὐδέν ἐστιν **ὁμοιότερον** ὕπνου (ou ἢ ὕπνος). — **4.** Ἆρ' οὐκ οἴεσθε τὸν κύνα **πιστότατον** εἶναι ζῷον καὶ τὴν ἀλώπηκα **δολιώτατον** καὶ τὸν ἵππον **χρησιμώτατον.** — **5.** Ὁ Ἀριστείδης **πενέστατος** ἀπέθανεν. — **6.** Πεπίστευται τὸ πρᾶγμα ἀνθρώπῳ **σοφωτέρῳ** ἢ **σωφρονεστέρῳ.** — **7.** Ἐνόμιζον ὑμᾶς **φιλοφρονεστέρους** εἶναι καὶ **ἐλεημονεστέρους** πρὸς πένητας. — **8.** Τῶν ἐν Εὐρώπῃ ὀρνίθων **μελάντατοί** εἰσιν οἱ κόρακες.

1.

CHAPITRE III

LES NOMS DE NOMBRE

(Gr., §§ 82-85.)

[Élève, p 45]   **55. Exercice de version.**

1. Les Cyclopes n'avaient qu'*un* œil sur le front. —
2. La maison vaut *vingt* mines. — **3.** Les mouches, qui ont
six pattes, marchent avec les *quatre* de derrière et se
servent des *deux* de devant comme de mains. — **4.** *Deux
fois cinq* font *dix*. — **5.** Les alliés arrivèrent le *dixième* jour,
amenant *trois cents* barques et dans chacune *trois* hommes.
— **6.** Les *Dix-Mille* se trouvaient dans un grand embarras,
étant éloignés de la Grèce de *dix mille* stades au moins.

[Élève, p. 45]   **56. Exercice de thème.**

1. Οἱ Ἀθηναῖοι **πεντακοσίας** χιμαίρας ἔθυσαν τῇ Ἀρτέ-
μιδι. — **2.** Ἀρίστιππος μὲν ἔρχεται πρὸς τὸν Κῦρον καὶ
αἰτεῖ αὐτὸν **δισχιλίους** μισθωτοὺς καὶ **τριῶν** μηνῶν μισθόν·
ὁ δὲ Κῦρος εὐθὺς δίδωσιν αὐτῷ **τετρακισχιλίους** μισθωτοὺς
καὶ **ἓξ** μηνῶν μισθόν. — **3.** Ὁ Κριτίας εἷς τῶν **Τριάκοντα**
ἦν. — **4.** Ὀγδόῃ ἡμέρᾳ διήλθομεν οὐ πλέον **τριῶν καὶ
πεντήκοντα** πλέθρων. — **5.** Ἀπέχει ἡ ὕλη ὀκτὼ ἢ ἐννέα
στάδια. — **6.** Ἐν τῷ **ἑβδόμῳ** κεφαλαίῳ ὁ Ξενοφῶν ἱστορεῖ
τὸν θάνατον τῆς Πανθείας καὶ τοῦ Ἀβραδάτου. — **7.** Μίαν
δύο ἡμέρᾳ λογισόμεθα.

[Élève, p. 46]   **57. Exercice étymologique.**

Iº Trouvez les mots français tirés du grec signifiant :

Figure géométrique à *cinq angles* (**penta-gone**), — à *six angles*
(**hexa-gone**), — à *huit angles* (**octo-gone**), — à *dix angles*
(**déca-gone**), — à *douze angles* (**dodéca-gone**).
Mesure itinéraire de *dix mètres* (**déca-mètre**), — de *cent mètres*
(**hecto-mètre**), — de *mille mètres* (**kilo-mètre**), — de *dix
mille mètres* (**myria-mètre**).
Qui revient chaque *septième* jour (**hebdomadaire**).

2º Trouvez cinq mots français dans lesquels entre le mot **γῆ**, *terre* :

Géo-graphie ; géo-logie ; géo-métrie ; apo-gée ; hypo-gée.

CHAPITRE IV

PRONOMS — ADJECTIFS PRONOMINAUX

1° PRONOMS PERSONNELS.

(Gr., §§ 86-92.)

[Élève, p. 47]   **58. Exercice de version.**

1. Écoutez-*moi* donc et si *je* parais être coupable, punissez-*moi*. — **2.** *Nous* ne voyons pas notre âme à *nous-mêmes*. — **3.** T'aimant trop *toi-même*, tu n'auras pas d'amis. — **4.** Va trouver (*littéral.* : étant allé vers) les laboureurs, dis-*leur* que j'ai besoin de blé et de fourrage. — **5.** Cet homme est très injuste et je *le* hais, car plus d'une fois il *m*'a battu sans raison. — **6.** Cyrus donna l'ordre de *lui* amener Crésus. — **7.** Panthée *se* frappa mortellement avec un cimeterre.

[Élève, p. 47]   **59. Exercice de thème.**

1. Ὑμεῖς μὲν ἡμῖν δείκνυτε τὴν ὁδόν· ἡμεῖς δὲ ὑμῖν ἐψόμεθα. — **2.** Σφὼ μὲν σώφρονέ ἐστον, ἐκείνω δὲ ἄφρονε. — **3.** Ὦ πάππε, εἰ σὺ βούλει μεγάλην μοι παρέχειν ἡδονήν, ἔα με θηρᾶν. — **4.** Γνῶθι σεαυτόν. — **5.** Τί οὖν αὐτῷ πολεμεῖς οὕτω ἀδίκως; — **6.** Ἡ πατρὶς ἄρχει ὑμῶν· πείθεσθε αὐτῇ. — **7.** Ὁ βίος πολλὰ λυπηρὰ ἐν ἑαυτῷ (*ou* αὐτῷ) φέρει. — **8.** Ὁ σοφὸς ἐν ἑαυτῷ (*ou* αὐτῷ) περιφέρει πᾶσαν τὴν οὐσίαν. — **9.** Ὁ Αἴας μαινόμενος ἑαυτὸν (*ou* αὐτὸν) ἐφόνευσεν.

[Élève, p. 48]   **60. Exercice étymologique.**

Donnez le sens étymologique des mots suivants :

Fantôme : apparition (*en grec*, φάντασμα, -ματος, de φαίνομαι. *j'apparais*); — **fantaisie** : vision (*en grec*, φαντασία, ας; *même racine*); — **diaphane** : qui laisse voir à travers (διά, *à travers*; φαίνω, *je fais voir*). — **Panorama** : vue entière (πᾶς, πᾶσα, πᾶν,

tout entier; ὅραμα, *vue, spectacle,* de ὁραω-ῶ, *je vois*); — **dio-
rama** : vue différente (διά, *à travers,* marquant séparation ;
ὅραμα). — **Église** : assemblée, communauté; — **ecclésiastique** :
qui concerne l'assemblée ; — **ecclésiaste** : membre de l'assemblée
(ἐκκλησία, ας, *assemblée*). — **Scène** : tente, lieu couvert ; —
scénique : qui concerne la scène (σκηνή, ῆς, *tente, scène*). —
Cosmopolite : citoyen du monde (κόσμος, ου, *monde;* πολίτης, ου,
citoyen). — **Ophtalmie** : maladie de l'œil (ὀφθαλμός, οῦ, *œil*). —
Botanique : qui concerne les plantes (βοτάνη, ης, *plante*). —
Biographie : histoire écrite de la vie (βίος, ου (ὁ), *vie;* γράφω,
j'écris).

2° ADJECTIFS ET PRONOMS POSSESSIFS.

(Gr., §§ 93-97.)

[Élève, p. 49]   **61. Exercice de version.**

1. Distribue les fruits du jardin à *tes* camarades. —
2. Socrate disait que c'est le devoir d'un homme de bien
d'aider *ses* amis. — **3.** Je vous rappellerai les dangers de *vos
propres* ancêtres. — **4.** Tu te serviras des chevaux *qui
m'appartiennent* toutes les fois que tu voudras. — **5.** Les
Barbares ont ravagé *nos* champs. — **6.** Le général convoqua
une assemblée de *ses* soldats. — **7.** Astyage fit venir *sa* fille
et l'enfant *de sa fille* (sa fille à *lui-même* et son enfant
à *elle*).

[Élève, p. 49]   **62. Exercice de thème.**

1. Φωκίων δικαιοσύνῃ τῶν πολιτῶν διέφερε. — **2.** Καρπὸν
ληψόμεθα τῶν πόνων. — **3.** Δαρεῖος, ὑποπτεύων τελευτὴν
τοῦ βίου, ἐβούλετο τὼ παῖδε παρεῖναι. — **4.** Τὰ πρόβατα
ἡμῖν παρέχει καὶ τὸ **ἑαυτῶν** ἔριον καὶ τὸ **ἑαυτῶν** γάλα.
— **5.** Οἱ **ἡμέτεροι** πρόγονοι ἐνίκησαν τοὺς **ὑμετέρους**
προγόνους. — **6.** Πρόξενος καὶ Μένων εἰσὶν **ὑμέτεροι**
μὲν εὐεργέται, **ἡμέτεροι** δὲ στρατηγοί. — **7.** Ἀκούσας ὁ
Κῦρος τοὺς τοῦ Κροίσου λόγους ἐθαύμασε τὴν εὐθυμίαν
αὐτοῦ. — **8.** Ὁ ἡγεμὼν ἐκέλευσε τριάκοντα στρατιώτας
μένειν ἐν ὅπλοις περὶ τὴν **ἑαυτοῦ** σκηνήν.

3° PRONOMS ET ADJECTIFS DÉMONSTRATIFS.

(Gr., §§ 98-99.)

[Élève, p. 51] **63. Exercice de version.**

1. *Ce* malheureux-*ci* est sourd-muet. — **2.** *Le* pays *en question* s'appelle l'Arménie. — **3.** Si tu fais *cela* (*ce dont il est question*), je te serai fort reconnaissant. — **4.** Est-ce que tu me donnes tous *les* présents *que voici?* — **5.** Toi, donne du pain à *ces* mendiants-*ci*. — **6.** Et nous, nous ne sommes pas les serviteurs de *cet* homme-*là*, et *cet* homme-*là* n'est pas notre maître. — **7.** Certes *voilà une chose* qui est très remarquable. — **8.** Si tu n'as pas besoin de *ces* baguettes, donne-*les*-moi. — **9.** *Ces deux* hommes-*ci* sont très actifs, mais *ces deux-là* sont tout à fait oisifs. — **10.** Moi donc j'efface de la liste *l'homme que voici*.

[Élève, p. 51] **64. Exercice de thème.**

1. Ἥδε ἡ ἡμέρα τοῖς Ἕλλησι πολλῶν κακῶν ἄρξει· **τοῦτό** γε φανερόν ἐστιν. — **2.** Φαρνάβαζος ἐσατράπευε **ταύτης τῆς** χώρας. — **3.** Ἀσεβείας φεύγω ὑπὸ **τοῦ** Μελήτου **τούτου**. — **4.** Κοῦφόν ἐστιν ἡ νεότης· **αὕτη** ἡ ἡλικία μάλιστα ἐπιμελείας δεῖται. — **5.** Ἐκείνῃ **τῇ** ἡμέρᾳ οὐκ ἐμαχήσαντο οἱ Πέρσαι. — **6.** Ἦ **τοῦτο** πολλάκις ποιεῖς; — **7.** Συμβούλευέ μοι, ὦ φίλε, περὶ **τούτων**. — **8.** Ἥδε μὲν ἡ ὁδὸς ὀρθοτέρα, **ἐκείνη** **δὲ** βεβαιοτέρα ἐστίν.

[Élève, p. 52] **65. Exercice étymologique.**

Donnez le sens exact des mots suivants :

Auto-graphe (αὐτός, *moi-même;* γράφω, *j'écris*) : qui est écrit de la main même d'un auteur; — **auto-bio-graphie** (αὐτός, *même;* βίος, *vie;* γράφω, *j'écris*) : récit de la vie d'une personne écrite par elle-même; — **auto-chtone** (αὐτός, *même;* χθών, χθονός, *terre, pays*) : habitant d'un pays qui prétend être né du sol même; **auto-crate** (αὐτός, *même;* κράτος -τους, *puissance*) : celui dont le pouvoir absolu ne relève que de lui-même; — **auto-mate** (*grec:* αὐτόματος*)* : machine qui a en elle-même les principes de son mouvement; — **auto-nome** (αὐτός; νόμος, ου, *loi*) : qui se gouverne par ses propres lois ; — **aut-opsie** (αὐτός ; ὄψις, εως, *vue*) : examen attentif ; *en particulier*, examen d'un cadavre pour connaître les causes de la mort.

Topo-graphie (τόπος, ου, *lieu* ; γράφω, *je décris*) : description détaillée d'un lieu *ou* représentation sur un plan des accidents de terrain d'un pays.

Oo-lithe (ᾠόν, οῦ, *œuf* ; λίθος, ου, *pierre*) : pierre composée de grains semblables à des œufs de poisson.

Baliste (*latin :* balista, *de* βάλλω, *je lance*) : machine de guerre qui servait à lancer des traits, des pierres, etc. ; — **balistique** : science qui traite du jet des projectiles.

DIFFÉRENTS SENS DE αὐτός.

(Gr., § 100.)

[Élève, p. 53]   **66. Exercice de version.**

1. Moi, je suis toujours *le même*, [c'est] toi [qui] changes. — **2.** Nourrir des vipères et faire du bien à des méchants, c'est *la même chose*. — **3.** Ne mets pas tous les œufs dans *la même* corbeille. — **4.** Un petit nombre d'oiseaux font leur nid toujours dans *les mêmes* endroits. — **5.** Moi, non seulement je dis toujours *les mêmes choses*, mais encore [je les dis] sur *les mêmes* [sujets] ; toi, peut-être, [que] sur *les mêmes* sujets tu ne dis jamais *les mêmes choses*. — **6.** Le général tua *lui-même* de sa propre main un chef des barbares. — **7.** En fréquentant des hommes sages tu deviendras sage *toi-même*. — **8.** A l'avenir nous vous conduirons où nous irons *nous-mêmes*.

[Élève, p. 53]   **67. Exercice de thème.**

1. Οὐκ ἀεὶ τῶν αὐτῶν ἐπιμελοῦνται οἱ αὐτοί. — **2.** Ὄρνιθες ἀεὶ νεοττεύουσι τῷ αὐτῷ τρόπῳ. — **3.** Οὐ τοῖς αὐτοῖς δελέασι πάντες ἁλίσκονται. — **4.** Αὐτὸς ὁ ἄρχων ἐβούλετο εἰς τὴν πατρίδα ἀφικέσθαι. — **5.** Μᾶλλον τὴν αἰσχύνην φοβεῖτε ἢ τὸν θάνατον αὐτόν. — **6.** Ταῦτα τὰ θηρία ἀπέκτεινα αὐτὸς τῇ ἐμαυτοῦ χειρί. — **7.** Κακοῖς ὁμιλοῦντες καὶ αὐτοὶ γενήσεσθε κακοί. — **8.** Εἰ μὴ σὺ δέει τοῦδε τοῦ βιβλίου, ἐμοὶ δὸς αὐτό.

[Élève, p. 54] **68. Exercice étymologique.**

Rendez par un seul mot les expressions suivantes :

Liste qui contient les noms des *morts* : **nécro-loge.** — Art prétendu d'évoquer les *morts* pour en tirer des *oracles* : **nécromancie.** — *Cité* des *morts* : **nécro-pole.** — Insecte qui *transporte* les *cadavres* : **nécro-phore.** — *Mot nouveau* : **néolo-gisme.**

4° PRONOMS RELATIFS.

(Gr., §§ 101-104)

[Élève, p. 55] **69. Exercice de version.**

1. Je suis l'homme même *que* vous cherchez. — **2.** Des passants déposèrent le cadavre dans le char *qui* les portait eux-mêmes (*littéral.* : dans *lequel* ils étaient portés). — **2.** Ce sont là des gens *que* nous avons déjà vaincus. — **4.** J'accepte avec plaisir *ce que* tu me donnes, cependant je n'en ai pas besoin. — **5.** Nous ne croyons plus *à ce que* dit cet homme-là. — **6.** C'est mal évidemment *ce que* vous faites en ce moment. — **7.** *Celui, quel qu'il soit, qui* a instruit ces enfants est digne d'éloge. — **8.** Envoie un homme *en qui* tu as confiance.

[Élève, p. 55] **70. Exercice de thème.**

1. Καλῶς ἐκεῖνος εἶπεν **ὃς** ἔφη τὴν γεωργίαν τῶν ἄλλων τεχνῶν τροφὸν εἶναι. — **2.** Ὦ θεοί, σημαίνετέ μοι **ἅ** τε χρὴ ποιεῖν καὶ **ἃ** οὐ χρῆ. — **3.** Μεταδίδου τοῖς φίλοις τῶν δώρων **ὧν** παρὰ τοῦ σοῦ ἀδελφοῦ ἄρτι σὺ παρέλαβες. — **4.** Πιστεύετε τοῖς ἡγεμόσιν **οἷς** ἔχετε. — **5.** Ταῦτα λαβὼν διαδίδου **ὅτῳ** σὺ βούλει. — **6.** **Ὅστις** τοῖς τῆς πατρίδος νόμοις πείθεται, ἀγαθός ἐστι πολίτης.

[Élève, p. 56] **71. Exercice étymologique.**

Donnez le sens exact et l'étymologie des mots suivants :

Bible : l'Écriture sainte (ἡ βίβλος, *le livre*) ; — **biblio-graphie** : connaissance et description des livres (τὸ βιβλίον ; γράφω, *je décris*) ; — **biblio-manie** : passion pour les livres (βιβλίον ; μανία, ας, *folie*) ; — **biblio-phile** : celui qui aime, qui recherche les livres (βιβλίον ; φιλῶ, *j'aime*) ; — **biblio-thèque** : armoire, chambre, édifice où sont déposés les livres (βιβλίον ; θήκη, ης, *armoire*).

Év-angile : livre contenant la vie et la doctrine de Jésus-Christ, *littéral.* : bonne nouvelle (εὖ, *bien* ; ἀγγελία, *nouvelle, message*).

An-onyme : qui est sans nom (ἀ(ν), *privatif* ; ὄνομα, -ματος, dialecte éolien : ὄνυμα, *nom*) ; **homo-nyme** : 1° qui porte le même nom qu'un autre ; 2° mot qui se prononce de la même manière qu'un autre, sans avoir la même orthographe ou le même sens (ὁμός, *semblable* ; ὄνυμα) ; — **syn-onyme** : mot qui a la même signification qu'un autre (σύν, *avec* ; ὄνυμα) ; — **pseud-onyme** : faux nom : écrit publié sous un nom supposé *ou* celui même qui prend un nom d'emprunt (ψεῦδος, -δους, *mensonge* ; ὄνυμα).

5° PRONOMS INTERROGATIFS.

(Gr., §§ 105-107.)

[Élève, p. 57]   **72. Exercice de version.**

1. *Qui* êtes-vous, messieurs (*littér.* : ô hommes)? et à *quel* sujet vous disputez-vous (*littéral.* : sur *quelle* chose dispute est-elle à vous)? — **2.** *Quels* sont les parents de ces enfants? (*littéral.* : de *qui* enfants sont ceux que voici?). — **3.** *Qu'*est ceci, Alexandre? te voilà mort, toi aussi, comme nous tous? mais, dis-moi, à *qui* as-tu laissé ton empire? — **4.** J'apporte une fâcheuse nouvelle! — *Quelle* nouvelle? — Le général est mort. — **5.** Quand les ennemis sont vaincus (une fois les ennemis vaincus), *lesquels des deux* se réjouissent le plus, les lâches ou les braves? — **6.** J'ai maintenant à dire *quels* sont les arts indispensables à la vie. — **7.** Et ton nom à toi, *quel* est-il? et *quelle* est ta besogne?

[Élève, p. 57]   **73. Exercice de thème.**

1. Τίς μου τὰ ὅπλα ἔκλεψεν; — **2.** Τί δὲ ὁ νόμος κελεύει; — **3.** Τίνας λέγεις; λέγε μοι τὰ ὀνόματα αὐτῶν. — **4.** Τίσιν ἀνθρώποις μάλιστα πιστεύεις; — **5.** Τίνος ὑμεῖς πατρίδος ἐστέ; — **6.** Οὐκ οἶδα ὅ τι λέγεις. — **7.** Λέγε μοι **αἵτινές** εἰσιν ἐκεῖναι αἱ γυναῖκες. — **8.** **Ποτέροις** μᾶλλον πιστεύσομεν τοῖς ἐμπείροις ἢ τοῖς ἀπείροις; — **9.** Ἐν τῇ τραπέζᾳ βιβλία ἐστὶ δύο· λέγε μοι **ὁπότερον** αἱρεῖς.

6° PRONOMS INDÉFINIS.

(Gr., §§ 108-121.)

[Élève, p. 59] **74. Exercice de version.**

1. Alexandre, étant malade sur les bords du fleuve Cydnus, fut guéri par *un certain* Philippe. — **2.** Cyrus ayant appelé *quelques-uns* de ses officiers de service leur demanda : « Dites-moi, *quelqu'un* de vous a-t-il vu Abradate? » Or *un* des officiers répondit : « Maître, il est mort à la bataille. » — **3.** Il est honteux d'accepter *certaines* choses de *certaines* gens. — **4.** Aux Enfers, Éaque mesure à *chacun* sa place. — **5.** Aujourd'hui tu apprendras *quelque chose de quelqu'un*. — **6.** Profitez de l'assistance de *chacun* de nous deux. — **7.** Je ne connais *aucun* homme plus heureux que toi. — Ce qu'il y a de sûr, c'est que n'ayant besoin de *rien*, je suis heureux. — **8.** Ces deux hommes-ci sont des menteurs : ne te fie *ni à l'un ni à l'autre (à aucun des deux)*.

[Élève, p. 59] **75. Exercice de thème.**

1. Θύραν **τις** ἔκρουσεν· ὅρα τίς ἐστιν. — **2.** Οἱ στρατιῶται ὤρυξαν ἐπὶ λόφου **τινὸς** τάφον τῷ στρατηγῷ. — **3.** Ἀπήγγειλέ **τις** ὅτι ἄτοπόν **τινα** νόσον ἐνόσει ἡ στρατιά. — **4.** Ἀνθρώπων **ἕκαστος** δύο πήρας φέρει. — **5.** Δεῖ διδόναι παρρησίαν **ἑκατέρῳ** ἡμῶν. — Δηλονότι· ἀλλὰ ἐκ διαδοχῆς **ἑκάτερος** ὑμῶν εἰπάτω. — **6.** Οὐδεμία ἡμῖν ἐστιν ἐλπὶς σωτηρίας. — **7.** Οὐδετέραν ὁδὸν ἐγὼ οἶδα.

[Élève, p. 60] **76. Exercice étymologique.**

Formez et expliquez les mots français tirés des mots grecs suivants

Ἐπί, *sur*, et τάφος, *tombeau* : **épi-taphe** (inscription sur un tombeau). — Κένος, *vide*, et τάφος : **céno-taphe** (monument élevé à la mémoire d'un mort, mais qui ne contient pas ses restes). — Ἄντι, *à l'opposé*, et πούς, ποδός, *pied* : **anti-pode** (qui habite une partie de la terre diamétralement opposée à la nôtre). — Πούς ποδός, et ἄγρα, *prise, capture* : **pod-agre** (1° goutte qui s'attaque aux pieds; 2° celui qui a la goutte aux pieds). — Δέκα, *dix*, et πούς : **déca-pode** (qui a dix pattes). — Μύριοι, *dix mille*, et πούς : **myria-pode** (qui a un très grand nombre de pattes, *mille-pattes*). — Ὑγίεια, *santé* : **hygiène** (art de conserver la santé). — Ἕτερος, *autre*, et γένος, ους, *n.*, *espèce :* **hétéro-gène** (qui est d'une autre espèce). — Ἕτερος et δόξα, ης, *opinion :* **hétéro-doxe** (contraire à l'opinion reçue dans la religion catholique). — Ἄλλος et πάθος, ους, *n.*, *douleur :* **allo-pathe** (médecin employant des remèdes qui provoquent des effets contraires à ceux que produit la maladie).

[Élève, p. 61] **77. Exercice de version.**

1. Les traits des ennemis portaient *les uns* en avant de nous, *les autres* en arrière. — **2.** Les domestiques servirent pour le dîner sur la même table de la volaille, des légumes, du fromage avec beaucoup de pains, *les uns* de froment, *les autres* d'orge. — **3.** Le mur est très haut; pas même deux hommes, debout *l'un* sur *l'autre*, n'en dépassent la hauteur. — **4.** La barque est légère et tu la feras couler en mettant dessus *un* de tes pieds seulement. — **5.** Ne tends pas cette main-ci, mais *l'autre*. — **6.** Diogène disait : « *Les autres* chiens mordent leurs ennemis, moi je mords mes amis. »

[Élève, p. 61] **78. Exercice de thème.**

1. Κροῖσος δύο παῖδας εἶχεν · ὁ μὲν κωφὸς ἐβίω, ὁ δὲ ἐν ἀκμῇ τοῦ βίου ἀπώλετο. — **2.** Τοῖς μὲν ὑγίειαν, τοῖς δὲ σοφίαν, τοῖς δὲ πλοῦτον διδόασιν οἱ θεοί, ἀλλὰ σπανίως πάντα ταῦτα τοῖς αὐτοῖς. — **3.** Ὁ Λυκοῦργος ἐπηρώθη ὑπό τινος τῶν πολιτῶν ὀφθαλμῶν τὸν ἕτερον. — **4.** Σύ μοι ὑπέσχου δύο βιβλία · πέμπε, εἰ δοκεῖ, τὸ ἕτερον. — **5.** Κῦρος ἐφ' ἵππου παρελαύνει μετὰ Κλεάρχου καὶ ἄλλων τρίων ἢ τεττάρων. — **6.** Περδίκκας καὶ οἱ ἄλλοι στρατηγοὶ Ἀλεξάνδρῳ παρῆσαν.

[Élève, p. 62] **79. Exercice étymologique.**

Donnez le sens et l'étymologie des mots suivants :

Chrono-logie : science des dates (χρόνος, ου, *temps ;* λόγος, ου, *discours, traité*) ; — **chrono-mètre** : instrument de précision pour mesurer le temps (χρόνος; μέτρον, ου, *mesure*); — **ana-chronisme** : erreur dans les dates (ἀνά, *de bas en haut*, marque *le contraire;* χρόνος); **syn-chronisme** : rapport de deux choses qui se font à la même époque (σύν, *avec*, marque *réunion, rapprochement ;* χρόνος).

Dynamo-mètre : instrument qui sert à évaluer les forces en mécanique (δύναμαι, *j'ai la puissance de ;* μέτρον, *mesure*); — **dynamite** : substance explosible d'une grande puissance (δύναμις, εως, *f., puissance, force*, de δύναμαι).

Mono-gramme : réunion de plusieurs lettres formant un seul caractère (μόνος, *seul*, et γράμμα, -ματος, *lettre*); — **mono-graphie** : écrit qui ne traite que d'un point spécial (μόνος ; γράφω, *j'écris*) ; — **mono-lithe** : formé d'une seule pierre (μόνος; λίθος, ου, *pierre*) ; — **mono-logue** : scène où un personnage parle seul (μόνος; λόγος, ου, *parole*); — **mono-manie** : folie caractérisée par une préoccupation unique (μόνος ; μανία, *folie*); — **mono-pole** : droit de fabriquer ou de vendre seul une marchandise (μόνος ; πολεω-ῶ, *je vends*); — **mono-tone** : qui est toujours sur le même ton (μόνος ; τόνος, ου, *ton*).

Pan-acée : remède à tous les maux (πᾶς, πᾶσα, πᾶν, *tout ;* ἄκος, ους, *n., remède*); — **Pan-dore** : nom de la première femme dans la mythologie grecque; elle fut douée de toutes les qualités par les dieux qui lui firent chacun un don (παν ; δῶρον, *don*); — **pan-oplie** : trophée de toutes sortes d'armes (πᾶν ; ὅπλον, *arme*) ; — **pan-orama** : tableau circulaire disposé de manière que le spectateur placé au centre voit les objets comme si, placé sur une hauteur, il découvrait tout l'horizon autour de lui (πᾶν ; ὅραμα, *vue*, de ὁράω-ῶ, *je vois*); — **pan-théon** : temple consacré à tous les dieux (πᾶν ; θεός); — **panto-mime** : 1° *masc.*, acteur qui exprime toutes les idées, tous les sentiments par les gestes, sans paroles ; 2° *fém.*, pièce jouée par un pantomime.

[Élève, p. 63]   **80. Exercice de version**.

1. Les méchants se nuisent *les uns aux autres*. — **2.** Aimez-vous vous-mêmes, et venez en aide les *uns aux autres*. — **3.** Je vous dis *toute* la vérité. — **4.** Le temps est le médecin de *tout* chagrin *sans exception* (le temps guérit *toute espèce de* chagrin). — **5.** Darius établit Mardonius comme général en chef de *toute* son armée. — **6.** J'ai fini de faire *toutes les choses* en question ainsi que tu l'avais dit. — **7.** Cyrus apprit qu'il y avait à Babylone une fête dans laquelle *tous* les Babyloniens passent *toute* la nuit à boire et à faire des orgies. — **8.** Ils ont perdu leur *unique* espérance. — **9.** L'homme que voici se sert de la main gauche *seule*, car il a perdu l'autre dans une bataille.

[Élève, p. 63]   **81. Exercice de thème.**

1. Ἀλλήλους φιλεῖτε, ὦ παῖδες. — **2.** Οἱ πονηροὶ οὔτε ἑαυτοῖς οὔτε **ἀλλήλοις** ὁμολογοῦσιν. — **3.** Τώδε τὼ ἀδελφὼ **ἀλλήλοιν** πάνυ διαφέρουσιν. — **4.** Ἐν κώμῳ ἡ **πᾶσα** χώρα ἐστὶ τῇδε τῇ νυκτί. — **5.** Εἵλοντό σε **πᾶσαι** αἱ φυλαὶ προστάτην τοῦ πολέμου. — **6.** Δημόκριτος ὁ φιλόσοφος διέδωκε πένησι **πάντα** ἃ παρὰ τοῦ πατρὸς ἔλαβε χρήματα. — **7.** Ἀριαῖος ἔφυγε μετὰ τοῦ στρατεύματος **πάντος** οὗ ἡγεῖτο. — **8.** Σύ δέ, ὦ ἀδελφέ, ἡμῶν ἡ **μόνη** ἐλπίς, ἡμᾶς σῷζε.

RÉCAPITULATION

[Élève, p. 64]   **82. Exercice de version.**

1. Cyrus distribuait des présents aux serviteurs attachés à la personne (*littéral.* : autour) de son grand-père, ajoutant quelques mots à chacun : « A toi je donne ceci, parce que tu m'apprends l'équitation avec zèle; à toi, parce que tu m'as donné un javelot; à toi, parce que tu sers bien mon grand-père; à toi, parce que tu honores ma mère. » — **2.** Vous vous nuisez à vous-mêmes en agissant ainsi (*littéral.* : en faisant cela). — **3.** Et ton père à toi, mon enfant, que fait-il? — **4.** Les prières que nous faisons quand nous avons peur s'évanouissent avec le danger. — **5.** Alors qu'il nous est possible de nous gouverner en paix, les hommes que voici nous suscitent la guerre la plus impie les uns contre les autres.

[Élève, p. 64]   **83. Exercice de thème.**

1. Ὅστις τὸν Ἀλκιβιάδην ἴδοι, τῇ χάριτι αὐτοῦ ὑπήγετο. — **2.** Ἅπαντες οἱ στρατηγοὶ ἴσασιν ὅτι σόφον ἐστὶ καθιστάναι φυλακὰς καὶ ἡμερινὰς καὶ νυκτερινὰς πρὸ τοῦ στρατοπέδου . ἀλλὰ τούτου οἳ μὲν ἐπιμελοῦνται, οἳ δὲ οὔ. — **3.** Ἄφρόνος ἐστὶ λέγειν · « Παρ' οὐδενὸς πώποτε οὐδὲν ἐγὼ ἔμαθον. » — **4.** Διὰ τί δὴ ὑμεῖς τοῦτο ποιεῖτε.

[Élève, p. 65] **84. Exercice de version.**

1. Assurément ces deux personnages (*Critias et Alcibiade*) étaient les plus ambitieux de tous les Athéniens, voulant que tout passât par leurs mains (*littéral. : tout être fait par eux-mêmes*) et [aspirant à] devenir les plus renommés de tous les hommes. Mais s'ils ont fait quelque mal à la patrie, [ce] n'[est] pas moi [qui] prendrai leur défense. — 2. Cyrus, dans la bataille [qu'il engagea] contre son frère, mourut lui-même et huit [guerriers], les plus braves de ceux qui l'entouraient, étaient gisants sur son corps (sur lui). — 3. Ma femme, disait Crésus, a l'existence la plus heureuse ; en effet, tous les biens elle les partage avec moi, mais elle n'a point sa part de soucis.

[Élève, p. 65] **85. Exercice de thème.**

1. Καταπλέοντος Ἀλκιβιάδου, πάντες Ἀθηναῖοι ἰδεῖν ἐβούλοντο αὐτὸν, λέγοντες οἳ μὲν ὅτι κράτιστος εἴη τῶν πολιτῶν, οἳ δὲ ὅτι τῶν παροιχομένων αὐτοῖς κακῶν μόνος αἴτιος εἴη. — **2.** Ἐκεῖνος ὁ ἀνὴρ ἤθελε δαπανᾶν εἰς πόλεμον ὥσπερ τις ἄλλος εἰς ἄλλην τινὰ ἡδονήν. — **3.** Ἀπέχουσιν αἱ κῶμαι ἀπ' ἀλλήλων στάδια ὀγδοήκοντα, αἳ μεν πλέον, αἳ δὲ μεῖον · ἀναβοώντων δὲ ἀλλήλων συνακούουσιν οἱ οἰκέται εἰς τήν ἑτέραν ἐκ τῆς ἑτέρας.

CHAPITRE V

LE VERBE

[Élève, p. 66] **86. Exercice étymologique.**

Donnez le sens et l'étymologie des mots suivants :

Atticisme : délicatesse de langage, finesse de goût qui caracté-risaient les Athéniens, habitants de l'Attique (Ἀττικισμός, οῦ, *de* ἡ Ἀττική, *l'Attique*. — **Homélie** : instruction familière sur la morale de l'Évangile, faite devant l'assemblée des fidèles (ὁμιλία, ας, *assemblée*). — **Rhodo-dendron** : arbrisseau dont les fleurs rivali-sent avec la rose pour l'éclat de leurs couleurs (ῥόδον, ου, *rose ;* δένδρον, ου, *arbre*). — **Chryso-lithe** : pierre précieuse d'un beau jaune (χρυσός, οῦ, *or ;* λίθος, ου, *pierre*) ; — **chryso-stome** : bouche d'or (χρυσός ; στόμα, -ματος, *bouche*) surnom donné à saint Jean, évêque de Constantinople, à cause de son éloquence. — **Mnémo-technie** : art d'améliorer, de faciliter la mémoire (μνήμη, ης, *mémoire ;* τέχνη, ης, *art*) ; — **mnémonique** : qui aide la mémoire (μνημονικός, ή, όν, *de* μνήμη).

VERBE εἰμί

(Gr., § 128.)

[Élève, p. 67] **87. Exercice oral.**

Analysez et traduisez les formes suivantes :

Ἐσμέν	1re pers. pl. indic. prés. :	*nous sommes.*
ὦμεν	1re pers. pl. subj. prés. :	*que nous soyons.*
εἶμεν	1re pers. pl. opt. prés. :	*puissions-nous être.*
ἦμεν	1re pers. pl. ind. imparf. :	*nous étions.*
ἐσόμεθα	1re pers. pl. ind. fut. :	*nous serons.*
Ὄντων	3e pers. duel, imp. prés. :	*qu'ils (elles) soient ;* ou
—	gén. masc. *ou* n. pl. part. prés. :	*[d'eux] étant.*
Ἦι (ᾖ)	3e pers. sing. subj. prés. :	*qu'il (elle) soit.*
Ἴσθι	2e pers. sing. impér. prés. :	*sois.*
ᾖς	2e pers. sing. subj. prés. :	*que tu sois.*
εἴης	2e pers. sing. opt. prés. :	*puisses-tu être !*
ἦσθα	2e pers. sing. ind. imparf. :	*tu étais.*
ἔσει	2e pers. sing. ind. fut. :	*tu seras.*

Εἶναι	infinitif prés. :	*être.*
Ἔσεσθαι	infinitif fut. :	*devoir être.*
Ἐστόν	2ᵉ pers. duel, ind. prés. :	*vous êtes tous deux;* ou
—	3ᵉ pers. duel, ind. prés. :	*ils (elles) sont tous deux.*
Ἔστων	3ᵉ pers. duel, impér. prés. :	*qu'ils (elles) soient tous deux.*
Ἤστην	2ᵉ pers. duel, ind. imparf. :	*vous étiez tous deux;* ou
—	3ᵉ pers. duel, ind. imparf. :	*ils (elles) étaient tous deux.*
Ἔσεσθον	2ᵉ pers. duel, ind. fut. :	*vous serez tous deux;* ou
—	3ᵉ pers. duel, ind. fut. :	*ils (elles) seront tous deux.*
Ἐσομένη	dat. fém. sing. part. fut. :	*[à elle] devant être.*
οὖσαν	acc. fém. sing. part. prés. :	*[elle] étant.*
ὄντι	dat. m. ou n. sing. part. prés. :	*[à lui] étant.*
οὖσι(ν)	dat. m. ou n. pl. part. prés. :	*[à eux] étant.*
Ἦν	1ʳᵉ pers. sing. ind. imparf. :	*j'étais;* ou
—	3ᵉ pers. sing. ind. imparf. :	*il [elle] était.*
Ἔσονται	3ᵉ pers. pl. ind. fut. :	*ils [elles] seront.*

[Élève, p. 67]   **88. Exercice de version.**

1. Dans l'Attique *il y avait* beaucoup d'abeilles. —
2. Alcibiade, dans sa jeunesse [*littéral.* : *étant* jeune], était
désordonné. — **3.** *Tu seras* heureux en te connaissant toi-
même. — **4.** *Sois* laborieux en actions et non en paroles
seulement. — **5.** Les jeunes gens, s'ils *sont* sages, fuiront
la société des méchants. — **6.** *Puissent* les dieux *être* des
adversaires pour nos ennemis, et des alliés pour nous. —
7. Les couronnes *seront* non pas de violettes ou de roses,
mais d'or. — **8.** Les Athéniens croyaient qu'*il n'y avait*
aucune chance de salut, n'*ayant* ni alliés ni vivres.

[Élève, p. 67]   **89. Exercice de thème.**

1. Οὐδὲν ἔτι ἐσμέν. — **2.** Οὐδὲν νομίζω πάντων τούτων
ἔσεσθαι. — **3.** Ὀλυμπίασι, τὸ ἆθλον **ἦν** στέφανος κοτίνου.
— **4.** Πιστοὶ **ἔστε** τοῖς φίλοις κακοδαίμοσιν **οὖσιν.** — **5.** Ἡ
πεῖνα ὄψον ἡμῖν **ἔστω.** — **6.** Ἄπληστοι **ὄντες,** πένητες
ἔσεσθε κἂν πλούσιοι **ἦτε.** — **7.** Ἀγαθὸς ποιμὴν ἐπιμελεῖται
ὅπως εὔρωστα **ἔσται** τὰ πρόβατα. — **8.** Τῆς ἀρετῆς σπου-
δαίως ἐπιμελῆσθε, ἵνα καλοὶ κἀγαθοὶ **ἦτε.**

COMPOSÉS DU VERBE εἰμί.

(Gr., § 128.)

[Élève, p. 69]   **90. Exercice oral.**

Analysez et traduisez les formes suivantes :

Παρέστω	3ᵉ. pers. sing. impér. prés. :	*qu'il (elle) soit présente.*
συνήστην	2ᵉ pers. duel, ind. imparf. :	*vous étiez tous deux avec… ou*
—	3ᵉ pers. duel, ind. imparf. :	*ils (elles) étaient tous deux avec.*
ἔξεστι(ν)	3ᵉ pers. sing. ind. prés. :	*il est permis.*
ἐνῆσαν	3ᵉ pers. pl. ind. imp. :	*ils (elles) étaient dans.*
ἀπόντων	3ᵉ pers. pl. impér. prés. :	*qu'ils (elles) soient absents ; ou*
—	gén. m. ou n. pl. part. prés. :	*[d'eux] étant absents.*
παρόντας	acc. m. pl. part. prés. :	*[eux] étant présents.*
πρόσεισι(ν)	3ᵉ pers. pl. ind. prés. :	*ils (elles) accompagnent.*
παρεῖναι	infin. prés. :	*être là, être présent.*
συνῆτε	2ᵉ pers. pl. subj. prés. :	*que vous fréquentiez.*
πρόσεστι(ν)	3ᵉ pers. sing. ind. prés. :	*il (elle) est auprès de.*
προσῆς	2ᵉ pers. sing. subj. prés. :	*que tu accompagnes.*
ἐνῆτον	2ᵉ ou 3ᵉ pers. duel, subj. prés. :	*que vous soyez dans ou qu'ils (elles) soient dans — tous deux —*
συνεῖε	3ᵉ pers. pl. opt. prés. :	*puissent-ils (elles) fréquenter !*
πάρισθι	2ᵉ pers. sing. impér. prés. :	*sois là.*
ἀποῦσα	nom. fém. sing. part. prés. :	*[elle] étant loin.*
ἀπῶμεν	1ʳᵉ pers. pl. subj. prés. :	*que nous soyons absents.*
παροῦσι(ν)	dat. m. ou n. pl. part. prés. :	*[à eux] étant là.*

[Élève, p. 69]   **91. Exercice de version.**

1. Ainsi donc, ô Alexandre, comme tu étais (*littéral. :* étant) fils non d'Ammon mais de Philippe, *tu es* [maintenant] *avec* les morts. — 2. Que le héraut *soit là* à nos ordres (*littéral. :* pour nous, près de nous). — 3. Plaise au ciel que vous *soyez dans* l'impuissance de nuire aux autres. — 4. Aussi longtemps que Critias et Alcibiade *fréquentèrent* Socrate, ils purent commander à leurs passions. — 5. *Il y*

avait dans la plaine le long de l'Euphrate beaucoup de villages. — **6.** Cause (*littéral.* : fais mention, rappelle le souvenir) des amis *absents* en présence de ceux qui *sont là*. — **7.** Haines et dangers *escortent* la violence.

[Élève, p. 69] **92. Exercice de thème.**

1. Εἰ γὰρ πλουσιώτερος **εἴην.** — **2.** Εἰ γὰρ φρόνιμος **εἴης.** — **3.** Παῖδες ἐμοί, αἰσθάνομαι τοῦ βίου τὴν τελεύτην ἐμοὶ **παρεῖναι.** — **4.** Ἀρέσκεσθε τοῖς ἀγαθοῖς τοῖς **παροῦσιν.** — **5.** Οὐχ **ἔξεστι** σοί ταῦτα λέγειν. — **6.** Ἐὰν τοῖς σοφοῖς **συνῆτε,** καὶ αὐτοὶ σοφοὶ **ἔσεσθε.** — **7.** Νῦν δὴ τὸν καιρὸν συλλάβωμεν · αὔριον γὰρ **ἀπέσται.** — **8.** Ἐνῆσαν [ἐν] τῷδε τῷ τόπῳ πολλοὶ ὄνοι ἄγριοι. — **9.** Τῇ δειλίᾳ **πρόσεστι** ἡ αἰσχύνη.

Λύω, voix active : PRÉSENT, FUTUR ET PARFAIT

(Gr., § 129.)

[Élève, p. 71] **93. Exercice oral.**

Analysez et traduisez les formes suivantes :

1. Ἀπολύει	3ᵉ pers. sing. ind. prés. :	*il (elle) délivre.*
ἀπολύσομεν	1ʳᵉ pers. pl. ind. fut. :	*nous délivrerons.*
ἀπολελύκασι(ν)	3ᵉ pers. pl. ind. parf. :	*ils (elles) ont fini de délivrer.*
ἀπολυέτω	3ᵉ pers. sing. impér. prés. :	*qu'il (elle) délivre.*
ἀπολυσάντων	3ᵉ pers. pl. impér. aor. :	*qu'ils (elles) délivrent ;*
—	gén. m. ou n. pl. part. aor. :	*[d'eux] ayant délivré.*
ἀπολελυκότε ἔστον	2ᵉ pers. duel, impér. parf. :	*ayez fini de délivrer (tous les deux).*
ἀπολύωσι(ν)	3ᵉ pers. pl. subj. prés. :	*qu'ils (elles) délivrent.*
2. Κινδυνεύουσι(ν)	3ᵉ pers. pl. ind. prés. :	*ils (elles) sont en danger ;*
—	dat. m. ou n. pl. part. prés. :	*[à eux] étant en danger.*

3.

κινδυνεύῃς	2ᵉ pers. sing. subj. prés. :	*que tu sois en danger.*
κινδυνευοίτην	2ᵛ ou 3ᵉ p. duel, opt. prés. :	*puissiez – vous* ou *puissent-ils (elles) être en danger (tous les deux)!*
κινδυνευούσαις	dat. fém. pl. part. prés. :	*[à elles] étant en danger.*
κινδυνεύσειν	infin. fut. :	*devoir être en danger.*
κεκινδυνευκότες	nom. m. pl. part. parf. :	*qui ont fini d'être en danger,* c.-à-d. qui se *trouvent dans l'état* de gens qui ont couru un danger.

3. Παύετε

3. Παύετε	2ᵉ pers. pl. ind. prés. :	*vous faites cesser;*
—	2ᵉ pers. pl. impér. prés. :	*faites cesser.*
παύουσι(ν)	3ᵉ pers. pl. ind. prés. :	*ils(elles)font cesser;*
—	dat. m. ou n. pl. part. prés. :	*[à eux] faisant cesser.*
παύοιεν	3ᵉ pers. pl. opt. prés. :	*puissent-ils (elles) faire cesser!*
πεπαύκοιεν	3ᵉ pers. pl. opt. parf. :	*puissent-ils (elles) avoir fini de faire cesser!*
παῦον	nom.-acc. n. sing. part. prés. :	*faisant cesser.*
παυόντων	3ᵉ pers. pl. impér. prés. :	*qu'ils (elles) fassent cesser;*
—	gén. m. ou n. pl. part. prés. :	*[d'eux] faisant cesser.*
παύῃς	2ᵉ pers. sing. subj. prés. :	*que tu fasses cesser.*
πεπαυκέναι	infin. parf. :	*avoir fini de faire cesser.*
παύομεν	1ʳᵉ pers. pl. ind. prés. :	*nous faisons cesser.*

4. Πρωτεύει

4. Πρωτεύει	3ᵉ pers. sing. ind. prés. :	*il (elle) est le premier.*
πρωτεύσει	3ᵉ pers. sing. ind. fut. :	*il (elle) sera le premier.*
πεπρώτευκε(ν)	3ᵉ pers. sing. ind. parf. :	*il (elle) a fini par être le premier.*
πρωτεύοις	2ᵉ pers. sing. opt. prés. :	*puisses-tu être le premier!*

πεπρωτεύχοις	2ᵉ pers. sing. opt. parf. :	*puisses-tu être arrivé au premier rang !*
πεπρωτευχυίᾳ	dat. fém. sing. part. parf. :	*[à elle] étant arrivée au premier rang.*

[Élève, p. 71] **94. Exercice de version.**

1. Pourquoi *pleures-tu*, mon enfant? — **2.** Les jeunes gens *aiment* les éloges des vieillards, et les vieillards la complaisance des jeunes gens. — **3.** Jeunes gens, *fuyez* le bavardage. — **4.** Et toi, mon père, *puisses-tu écouter* ma prière! — **5.** Les élèves laborieux *s'appliquent* pour *être les premiers*. — **6.** L'envie souvent accompagne ceux qui *sont les premiers*. — **7.** Qui nous *déliera* de nos serments? — **8.** J'espère que le temps *fera cesser* tes peines. — **9.** *Nous avons apaisé* la colère des dieux par nos prières (*Nous sommes venus à bout d'apaiser...*). — **10.** Les soldats qui *ont échappé aux dangers* de la guerre (*littéral.* : qui *sont maintenant après avoir couru un danger* dans la guerre) recueilleront quelque fruit de leurs fatigues.

[Élève, p. 72] **95. Exercice lexicologique.**

En changeant la finale des mots suivants, formez des verbes en ευω. *Ex.* δοῦλος, esclave; je suis esclave : δουλεύω.

Δοῦλος,	esclave ;	je suis esclave :	δουλεύω.
πίστος,	confiant ;	j'ai confiance :	πιστεύω.
πρέσβυς,	ambassadeur;	je suis ambassadeur :	πρεσβεύω.
βασιλεύς,	roi ;	je suis roi *ou* reine :	βασιλεύω.
θεράπων,	serviteur ;	je sers :	θεραπεύω.
παῖς, παιδός,	enfant ;	j'élève (les enfants) :	παιδεύω.
ἄγρα et θήρα,	chasse ;	je chasse :	αγρεύω et θηρεύω.
εἰρήνη,	paix ;	je vis en paix :	εἰρηνεύω.
πρῶτος,	premier ;	je suis le premier :	πρωτεύω.
ἄριστος.	le meilleur;	je suis le meilleur :	ἀριστεύω.
στρατός,	armée ;	je fais une expédition :	στρατεύω.

[Élève, p. 73] **96. Exercice oral.**

1. Δουλεύεις, δούλευε, δουλεύῃς, δουλεύοις. — **2.** Κελεύσει, κεκέλευκε(ν), κεκελεύκῃ, κεκελεύκοι. — **3.** Πιστεύσομεν, πιστεύομεν, πεπιστεύκαμεν. — **4.** Πορθμεύετε, πορθμεύειν *ou* πορθμεῦσαι, πορθμεύσειν; πορθμεῦσαι. — **5.** Πρεσβεύοντας, πρεσβεύσουσι(ν), πεπρεσβευκότος. — **6.** Καταλύουσι(ν), καταλύῃτε *ou* καταλύσητε, καταλύοιτε *ou* καταλύσαιτε, καταλύσετε; καταλελυκοτες (*ou* καταλελυκυῖαι) ἔστε. — **7.** Κελεύεις. — Πράττειν. — Ἀκούειν. — Ἀκουέτω. — Τρέφομεν. — Φυλαττόντων (φυλαττέτωσαν). — Κινδυνεύουσι(ν). — Πιστεύσομεν. — Πορθμεύσουσα. — Καταλύσειν. — Καταλελύκασι. — Κεκελεύκατε. — Πιστεύοιεν *ou* πιστεύσειαν (πιστεύσαιεν). — Πεπορθμευκέναι.

[Élève, p. 73] **97. Exercice de thème.**

1. Τί δὲ ταῦτά με πράττειν **κελεύεις**; — **2.** Ὃς **ἔχει** ὦτα **ἀκούειν, ἀκουέτω.** — **3.** Κῦνας **τρέφομεν** ἵνα τὰ πρόβατα καὶ τὰς οἰκίας **φυλάττωσιν.** — **4.** Αἰσχρὰ δουλεία ἐστὶ **δουλεύειν** ταῖς ἐπιθυμίαις. — **5.** Ἐν τῇ τῶν κάπρων θήρᾳ οἱ κυνηγεταὶ **κινδυνεύουσιν.** — **6.** Πολίταις μᾶλλον ἢ ξένοις **πιστεύσομεν.** — **7.** Παρῆν τὸ ναυτικὸν **πορθμεῦσον** τὴν στρατιάν. — **8.** Ὁ στρατηγὸς **ἐλπίζει** ταχέως **καταλύσειν** τὸν πόλεμον. — **9.** Οἱ πολέμιοι τὰς σπονδὰς **λελύκασι** παρὰ τοὺς ὅρκους. — **10.** Ἤδη **πεπρέσβευκας** σύ;

[Élève, p. 74] **98. Exercice étymologique.**

Rendez par un soul mot français les expressions suivantes :

1. Ane sauvage : **on-agre** (ὄνος, ου, *âne;* ἄγρος, ου, *champ;* d'où ἄγριος, *qui vit dans les champs, sauvage.* — 2. Partie de la médecine qui traite des *soins* à donner aux malades : **thérapeutique** (θεραπεύω, *je soigne;* d'où θεραπευτικός, ή, ον, *qui concerne les soins à prendre,* et ἡ θεραπευτική, s.-e. τέχνη, *l'art de soigner les malades*). — 3. *Traitement* des maladies au moyen de *l'eau* froide : **hydro-thérapie** (ὕδωρ, *eau;* θεραπεύω). — 4. Promenade d'Athènes consacrée à Apollon Λύκειος (tueur de *loups*) dans laquelle Aristote avait son *école* (τὸ Λύκειον, ου), et, en France, établissement national d'*instruction* publique : **lycée.**

Λύω, voix active : IMPARFAIT, AORISTE ET PLUS-QUE-PARFAIT.

(Gr., § 129.)

[Élève, p. 75] **99. Exercice oral.**

Analysez et traduisez en français les formes suivantes :

1. Ἐβασίλευον — 1re pers. sing. ind. imparf. : *j'étais roi ;*

— — 3e pers. pl. ind. imparf. : *ils étaient rois...*

ἐβασίλευσαν — 3e pers. pl. ind. aor. : *ils furent rois...*

ἐβεβασιλεύκεσαν — 3e pers. pl. ind. pl.-q.-p. : *ils avaient fini d'être rois...*

βασιλευσάντων — 3e pers. pl. impér. aor. : *qu'ils soient rois...*

— — gén. m. ou n. pl. part. aor. : *[d'eux] ayant été rois...*

βασιλεύσωσι — 3e pers. pl. subj. aor. : *qu'ils soient rois...*

βασιλεύσειαν — 3e pers. pl. opt. aor. : *puissent-ils être rois !...*

βασιλεῦσαι — infin. aor. : *avoir été ou être roi...*

2. Ἐθεράπευε(ν) — 3e pers. sing. ind. imparf. : *il (elle) soignait...*

ἐθεράπευσε(ν) — 3e pers. sing. ind. aor. : *il (elle) soigna...*

θεραπεύσας — nom. m. sing. part. aor. : *ayant servi (soigné, honoré).*

θεραπευσάτω — 3e pers. impér. aor. : *sers (soigne, honore).*

ἐτεθεραπεύκει — 3e pers. ind. pl.-q.-p. : *il avait fini de soigner...*

3. Ἐκρούετε — 2e pers. pl. ind. imparf. : *vous heurtiez.*

ἐκρούσατε — 2e pers. pl. ind. aor. : *vous heurtâtes.*

ἐκεκρούκειτε — 2e pers. pl. ind. pl.-q.-p. : *vous aviez fini de heurter.*

4. Λουσάντων — 3e pers. pl. impér. aor. : *qu'ils (elles) lavent ;*

— — gén. m. ou n. pl. part. aor. : *[d'eux] ayant lavé.*

λούσητον — 2e ou 3e pers. duel, subj. aor. : *que vous laviez (tous les deux) ;*

— — *qu'ils lavent (tous les deux) ou qu'elles...*

λουσαίτην — 2e ou 3e pers. duel, opt. aor. : *puissiez-vous laver (tous les deux) ;*

— — *puissent-ils laver ou puissent-elles...*

ἐλουσάτην	2ⁿ ou 3ᵉ pers. duel, opt. aor. :	*vous lavâtes (tous les deux)*;
—		*ils lavèrent (tous les deux) ou elles...*
λοῦσον	nom.-acc. n. sing. part. futur :	*devant laver;*
—	2ᵉ pers. impér. aor. :	*lave.*
5. Παίσατε	2ᵉ pers. pl. impér. aor. :	*frappez.*
ἐπαίσατε	2ᵉ pers. pl. ind. aor. :	*vous frappâtes (v. avez ou v. eûtes frappé).*
ἐπεπαίκετε	2ᵉ pers. pl. ind. pl.-q.-p. :	*vous aviez fini de frapper.*
ἐπεπαίκη	1ʳᵉ pers. sing. ind. pl.-q.-p. :	*j'avais fini de frapper.*
ἐπαίετε	2ᵉ pers. sing. ind. imparf. :	*vous frappiez.*

[Élève, p. 75]   **100. Exercice de version.**

1. Proserpine *était reine* aux Enfers (*littéral. :* dans la demeure d'Hadès). — **2.** Les deux yeux d'un loup affamé *brillaient* dans l'obscurité. — **3.** Nous *croyions* que les dieux aiment surtout les hommages des hommes très justes (*ou...* que ce qui est le plus agréable aux dieux ce sont les hommages...). — **4.** Tout le monde *avait confiance* (*littéral. :* tous les hommes...) en cet homme-là. — **5.** Je *heurtais* violemment avec mon bâton à la porte du marchand endormi. — **6.** Cléarque *rompit* la trêve contrairement à ses serments. — **7.** Médecin, *soigne*-toi toi-même. — **8.** Il convient de *faire cesser* le désordre. — **9.** Ne *frappez* pas ces gens qui sont innocents. — **10.** Que les servantes *lavent* les pieds des voyageurs. — **11.** Le lendemain les Grecs arrivent dans un certain village où la veille certains d'entre eux *étaient venus en ambassade* (où *se trouvaient* certains d'entre eux *venus* la veille...).

[Élève, p. 76]   **101. Exercice étymologique.**

Donnez le sens et l'étymologie des mots suivants :

A-céphale : qui n'a pas de tête (ἀ, privatif; κεφαλή, *tête*). — **Bu-céphale** : qui a une tête de bœuf; nom donné au cheval d'Alexandre, à cause de la conformation de sa tête (βοῦς, βοός *bœuf*; κεφαλή). — **Céphal-algie** : douleur de tête (κεφαλή ; ἄλγος, ους, *n.*, *souffrance*). — **Tri-gono-céphale** : qui a la tête triangulaire (τριγώνος, de τρές, τρία, *tria*, γωνία, ας, *angle*, et κεφαλή).

[Élève, p. 77]   **102. Exercice oral.**

1. Ἔγευον, ἔγευσας, ἔγευε. — **2.** Ἐθύομεν, ἐθύσατε, ἐτεθύκεσαν. — **3.** Παιδεῦσαι, παίδευσον, ἐπεπαιδεύκειτε, παιδεύσαιμεν, ἐπαιδευσάτην. — **4.** Ἔτιον, τίσαντι, τισάντων *et* τίσωσιν, τίσειας (*ou* τίσαις), ἐτίσαμεν, τίσαιμεν. — **5.** Ἔφυον, ἐφύσαμεν, φῦσαι, φῦσαι. — **6.** Ἔκρουες. — Ἐβασίλευε. — Ἔθυον. — Ἔλυσε(ν). — Βασιλεύοντος. — Ἐκυρίευσαν. — Τίομεν. — Πρωτεύουσι(ν) *ou* πρωτεύσασι(ν). — Ἐπαίδευσαν. — Ὄντας. — Ἔγευσας. — Ἔφυσε(ν). — Ἐπιστεύετε. Ἐπεπαιδεύκει(ν). — Ἐφύσατε. — Φύσειν.

[Élève, p. 77]   **103. Exercice de thème.**

1. Διὰ τί δὲ τῆςδε τῆς νυκτὸς τὴν θύραν οὕτω σφόδρα **ἔκρουες**; — **2.** Ἀνταῖος Λιβύης **ἐβασίλευεν**. — **3.** Οἱ Πέρσαι τῷ Ἡλίῳ **ἔθυον** ἵππους. — **4.** Ὁ χειμὼν τὰς γεφύρας **ἔλυσεν**. — **5.** Κύρου βασιλεύοντος, οἱ Πέρσαι **ἐκυρίευσαν** τῶν Μήδων. — **6.** Τιόμεν ἡμεῖς οὐ μόνον τοὺς πρωτεύοντας ἀλλὰ καὶ οἵτινες εὖ **ἐπαίδευσαν** ἡμᾶς παῖδας ὄντας. — **7.** Δούλους **ἔγευσας** τιμῆς ἐλευθερίας. — **8.** Ὁ Ζεὺς τὴν Ἀθηνᾶν **ἔφυσεν** ἐκ τῆς ἑαυτοῦ κεφαλῆς. — **9.** Ὑμᾶς αὐτοὺς κακοῖς **ἐπεπιστεύκειτε**. — **10.** Ἀριστοτέλης Ἀλέξανδρον τὸν Μακεδόνα **ἐπεπαιδεύκει**.

PARTICULARITÉS SUR L'AUGMENT.
(Gr. §§ 131-134.)

[Élève, p. 78]   **104. Exercice oral.**

Formez *l'imparfait* des verbes suivants *et donnez-en le sens :*

ἀγρεύω,	*imparf.* :	ἤγρευον,	je chassais, je prenais à la chasse.
ἐσθίω,	— :	ἤσθιον,	je mangeais.
ὀνομάζω,	— :	ὠνόμαζον,	je nommais.
αἴρω,	— :	ἦρον,	je soulevais.

εἰρηνεύω,	—	: ἠρήνευον,	j'étais en paix.
οἰμώζω,	—	: ᾤμωζον,	je gémissais.
ἱκετεύω,	—	: ἱκέτευον,	je suppliais, j'implorais.
ὑγιαίνω,	—	: ὑγίαινον,	j'étais en bonne santé.
εὑρίσκω,	—	: ηὕρισκον,	je trouvais.
ἡσυχάζω,	—	: ἡσύχαζον,	j'étais tranquille.
ᾄδω,	—	: ᾖδον,	je chantais.
ἱδρύω,	—	: ἵδρυον,	je faisais asseoir ; je construisais.

[Élève, p. 78]   **105. Exercice oral.**

Donnez l'aoriste des verbes suivants (à tous les modes) :

	ἀγρεύω ;	ἱκετεύω ;	εἰρηνεύω ;	ἱδρύω.
Indic.	ἤγρευσα ;	ἱκέτευσα ;	ἠρήνευσα ;	ἵδρυσα.
Impér.	ἄγρευσον ;	ἱκέτευσον ;	εἰρήνευσον ;	ἵδρυσον.
Subj.	ἀγρεύσω ;	ἱκετεύσω ;	εἰρηνεύσω ;	ἱδρύσω.
Optat.	ἀγρεύσαιμι ;	ἱκετεύσαιμι ;	εἰρηνεύσαιμι ;	ἱδρύσαιμι.
Infin.	ἀγρεῦσαι ;	ἱκετεῦσαι ;	εἰρηνεῦσαι ;	ἱδρῦσαι.
Part.	ἀγρεύσας ;	ἱκετεύσας ;	εἰρηνεύσας ;	ἱδρύσας.

[Élève, p. 78]   **106. Exercice oral.**

Analysez et traduisez les formes suivantes :

ἠκόντιζον	1ʳᵉ p. s. ind. imparf. *de* ἀκοντίζω : *je lançais un trait ;*
—	3ᵉ p. pl. ind. imparf. *de* — : *ils lançaient des traits.*
ἠθέλομεν	1ʳᵉ p. pl. ind. imparf. *de* ἐθέλω : *nous voulions.*
ἦρον	1ʳᵉ p. s. ind. imparf. *de* αἴρω : *je soulevais ;*
—	3ᵉ p. pl. ind. imparf. *de* — : *ils (elles) soulevaient.*
ἵδρυσαν	3ᵉ p. pl. ind. aor. *de* ἱδρύω : *ils (elles) construisirent.*
ᾤμωζε	3ᵉ p. s. ind. imp. *de* οἰμόζω : *il (elle) gémissait.*
ἠκούσατε	2ᵉ p. pl. ind. aor. *de* ἀκούω : *v. avez entendu.*
ἀκούσατε	2ᵉ p. pl. impér. aor. *de* — : *écoutez, entendez.*
ὑγίαινες	2ᵉ p. s. ind. imparf. *de* ὑγιαίνω : *tu étais bien portant.*
ὥπλιζες	2ᵉ p. s. ind. imparf. *de* ὁπλίζω : *tu armais.*
ἡσυχάζομεν	1ʳᵉ p. pl. ind. imparf. *de* ἡσυχάζω : *nous étions tran-*
	quilles.

ἤδετε	2ᵉ p. pl. ind. imp.	de ᾄδω :	*vous chantiez.*
τῖσον	2ᵉ p. s. impér. aor.	de τίω :	*respecte.*
ἵδρυσας	2ᵉ p. s. ind. aor.	de ἱδρύω :	*tu construisais;*
ἱδρύσας	nom. m. s. part. aor.	de — :	*ayant construit.*
ἱκετευσάντων	3ᵉ p. pl. impér. aor.	de ἱκετεύω :	*qu'ils implorent;*
—	gén. m. pl. part. aor.	de — :	*[d'eux] ayant imploré.*
ἱδρῦσαι	inf. aor.	de ἱδρύω :	*avoir construit.*
ἱδρυσάσας	acc. f. pl. part. aor.	de — :	*[elles] ayant construit.*

[Élève, p. 70]   **107. Exercice de version.**

1. Les cerfs *entendaient* des chiens aboyer (*littéral.* : des aboiements de chiens). — **2.** Nous, Spartiates, nous ne *consentions* pas à obéir aux ordres des Athéniens. — **3.** Les Scythes ne *dressaient* pas d'autels aux dieux. — **4.** Les Athéniens *frappaient d'ostracisme* Aristide qu'ils *nommaient* le plus juste de tous les hommes. — **5.** Au milieu de tout ce trouble, toi seul *tu étais calme.* — **6.** *Vous chantiez* tous d'une manière très ridicule. — **7.** Après la mort de Thésée, les Athéniens *construisirent* le Théséon et les habitants *imploraient* Thésée comme un dieu. — **8.** Le philosophe Pythagore ne *mangeait* que des aliments préparés avec de la farine d'orge, des figues, des amandes et autres fruits ou légumes à l'exception des fèves. — **9.** Aie bien soin de nous pour que *nous soyons forts.* — **10.** *Il était là (ou j'étais là)* sans armes, ayant confiance en la trêve.

[Élève, p. 79]   **108. Exercice de thème:**

1. Ἐκ τοῦ σκότου **ἠκόντιζον** ἡμᾶς οἱ πολέμιοι. — **2.** Τίσι μεχαναῖς **ἦρον** οἱ Αἰγύπτιοι τοὺς λίθους τῶν Πυραμίδων; — **3.** Κροῖσος ἐν Ἅιδου **ᾤμωζε** διὰ τὰ χρήματα ἀφῃρεμένα. — **4.** Ἆρα πάντες **ὑγιαίνετε**; — Πάντες **ὑγιαίνομεν**. — **5.** Οἱ Πέρσαι **ὥπλιζον** καὶ αὐτοὺς τοὺς ἵππους. — **6.** Ὑμεῖς μὲν πέρδικας **ἠγρεύσατε**, ἡμεῖς δὲ **ἠγρεύσαμεν** ὄρτυγας. — **7.** Ὦ παῖ, **τῖσον** τοὺς διδασκάλους. — **8.** Ἀκούσατε τοῦ σοφωτέρου. — **9.** Οἱ στρατιῶται **ηὕρισκον** ἐν ταῖς οἰκίαις θησαυροὺς ἄρτων. — **10.** Τότε δὴ **ἠρηνεύομεν**.

PARTICULARITÉS SUR LE REDOUBLEMENT.

(Gr., §§ 135-137.)

[Élève, p. 80]   **109. Exercice oral.**

Donnez, *avec le sens*, le parfait actif des verbes suivants :

πιστεύω, *parf.* : **πεπίστευκα** : 1° *j'ai fini de confier* (p. ex. : j'ai confié un dépôt à qqn. *qui le garde*); 2° *j'ai fini d'avoir confiance*, c.-à-d. j'ai mis ma confiance (*et je me repose*) en qqn.

λούω, *parf.* : **λέλουκα** : *j'ai fini de laver* (par conséquent, la besogne *est faite maintenant*).

κρούω, *parf.* : **κέκρουκα** : *j'ai fini de heurter* (p. ex. : j'ai heurté à la porte *et j'attends*).

θεραπεύω, *parf.* : **τεθεράπευκα** : *j'ai fini de soigner* (p. ex. : j'ai soigné le malade (*qui est guéri*).

φυτεύω, *parf.* : **πεφύτευκα** : *j'ai fini de planter* (p. ex. : j'ai planté les arbres *qui sont actuellement* dans le jardin).

ἀριστεύω, *parf.* : **ἠρίστευκα** : *j'ai fini de me distinguer* (c.-à-d. *je suis en possession* de la distinction que j'ai acquise).

ἱδρύω, *parf.* : **ἵδρυκα** : *j'ai fini de construire* (par conséquent, la construction que j'ai faite *existe actuellement*).

στρατοπεδεύω, *parf.* : **ἐστρατοπέδευκα** : *j'ai fini d'établir un camp* (donc : le camp *est établi*).

ἑρμηνεύω, *parf.* : **ἡρμήνευκα** : *j'ai fini d'interpréter* (j'ai donné l'interprétation, *on la connaît maintenant*).

[Élève, p. 80]   **110. Exercice oral.**

Donnez, *avec le sens*, le plus-que-parfait des verbes suivants :

φονεύω, *pl.-q.-parf.* : **ἐπεφονεύκη** : *j'avais fini de tuer* (c.-à-d. *je me trouvais* ayant tué).

χρίω, *pl.-q.-parf.* : **ἐκεχρίκη** : *j'avais fini d'enduire* (c.-à-d. *je me trouvais* ayant enduit).

στρατεύω, *pl.-q.-parf.* : **ἐστρατεύκη** : *j'avais fini de faire une expédition* (*j'étais dans l'état* de quelqu'un qui a fait...).

θύω, *pl.-q.-parf.* : **ἐτεθύκη** : *j'avais fini de sacrifier* (par conséquent, mon sacrifice *était accompli*).

ἱκετεύω, pl.-q.-parf. : **ἱκετεύκη** : *j'avais fini d'implorer* (p. ex. :
    j'avais imploré les dieux et *j'attendais* l'effet de mes prières).
ὑδρεύω, pl.-q.-parf. : **ὑδρεύκη** : *j'avais fini de puiser de l'eau*
    (par conséquent, la besogne *était faite*).

[Élève, p. 80]   **111. Exercice oral.**

1º Conjuguez *à tous ses modes* le parfait de θύω (**τέθυκα**, etc.).
— 2º Conjuguez le plus-que-parfait de ἱκετεύω (**ἱκετεύκη**, etc.).
— 3º Conjuguez le futur antérieur de ἑρμηνεύω (**ἡρμηνευκὼς
ἔσομαι**, etc.).

[Ne comporte pas de corrigé].

[Élève, p. 80]   **112. Exercice oral.**

Analysez et traduisez les formes suivantes :

πεπαιδεύκασιν, 3º pers. pl. ind. parf. *de* παιδεύω : *ils (elles)
    ont fini d'instruire* (ils ont achevé l'éducation de...).
πεφυκέναι, inf. parf. *de* φύω : *être né* (avec telle ou telle dispo-
    sition, par suite : être, se trouver naturellement).
τεθεράπευκας, 2º pers. sing. ind. parf. *de* θεραπεύω : *tu as fini
    de soigner* (par ex. : tu as soigné l'affaire qui est en bonne
    voie).
πεφονευκυῖα, nom. f. sing. part. parf. *de* φονεύω : *[elle] ayant
    fini de tuer* (c.-à-d. ayant consommé le meurtre).
ἐτεθύκει, 3º pers. s. ind. pl.-q.-p. *de* θύω : *il (elle) avait fini
    de sacrifier* (le sacrifice était accompli).
ἐστρατευκώς, nom. m. s. part. parf. *de* στρατεύω : *ayant fini
    de faire une expédition* (l'expédition se trouvant faite).
ἐστρατοπεδεύκεσαν, 3º pers. pl. ind. pl.-q.-p. *de* στρατοπε-
    δεύω : *ils avaient fini de camper* (ils avaient campé).
πεφυτευκότες ἔσονται, 3º pers. pl. futur antér. *de* φυτεύω : *ils
    auront fini de planter* (la plantation sera terminée).
κεχορεύκαμεν, 1ʳᵉ pers. pl. ind. parf. *de* χορεύω : *nous avons
    fini de danser* (la danse est terminée).
ἠριστεύκατε, 2º pers. pl. ind. parf. *de* ἀριστεύω : *vous avez fini
    de vous distinguer* (vous êtes arrivés à la distinction).

56 LE VERBE.

ὑδρεύκασιν, 3ᵉ pers. pl. ind. parf. *de* ὑδρεύω : *ils (elles) ont
fini de puiser de l'eau* (ils ont de l'eau après l'avoir puisée).
ἡρμηνευκὼς ἔσῃ, 2ᵉ pers. s. fut. antér. *de* ἑρμηνεύω : *tu auras
fini d'interpréter* (ton interprétation sera connue).

[Élève, p. 81]   **113. Exercice de version.**

1. Ils sont heureux ceux qui *ont* bien *élevé* leurs enfants.
— **2.** Les sages disent que *nous sommes nés* pour la vertu. —
3. La pierre *se trouve* en abondance dans l'Attique. —
4. *Tu as* bien *soigné* tes propres affaires, mais pas du tout
celle des autres. — **5.** *Nous avons fini de chasser* le cerf et
maintenant chassons le sanglier. — **6.** C'est moi qui suis
Médée, la femme qui *a tué* ses propres enfants. — **7.** Déjà
le sanguinaire, le féroce (*littéral.* : le très sanguinaire)
Busiris *avait immolé* les étrangers sur l'autel des dieux
nationaux. — **8.** Voici Agésilas, le [général] qui *a fait*
l'expédition contre Thèbes.

[Élève, p. 81]   **114. Exercice de thème.**

1. Τίς διδάσκαλος οὕτω καλῶς **πεπαίδευκε** τούτους τοὺς
μαθητάς; — **2.** Λέγουσί τινες ὅτι **πεφύκαμεν** πρὸς τὰς
ἡδονάς. — **3.** Ὁ τόπος καλῶς **πέφυκε** πρὸς τὸ φυτεύειν
δένδρα. — **4.** Τὴν ἀλώπεκα ἐγὼ **πεφόνευκα** ἣ τὰς ὄρνιθας
ἡμῶν ἤσθιεν. — **5.** Ἐν ὀλίγῳ **τεθυκότες** ἐσόμεθα. —
6. Ἀφικνεῖται ἡ στρατιὰ εἴς τινα τόπον ἔνθα τῇ προτεραίᾳ
ἐστρατοπεδεύκεσαν οἱ Πέρσαι. — **7.** Ἆρα πάντα τάδε τὰ
δένδρα **πεφυτευκὼς** ἔσει αὔριον; — **8.** Ὦ φρόνιμε γέρον,
ἐπεφυτεύκεις δένδρα τοῖς τέκνοις. — **9.** Κεχωρευκότες,
Διονύσῳ θύομεν.

REMARQUES SUR L'EMPLOI DES TEMPS ET DES MODES

EMPLOI DE L'AORISTE

(Gr., §§ 138-139.)

[Élève, p. 83]   **115. Exercice de version.**

1. *Envoie* comme messager [la personne] en qui tu as le
plus confiance. — **2.** Voici l'homme que *j'ai* souvent *sauvé*

quand il était en danger. — **3.** Je croyais m'*être confié* à un homme de bien. — **4.** Les uns *coupèrent* du bois, les autres *allumèrent* du feu. — **5.** Les soldats *heurtèrent* leurs boucliers contre leurs lances. — **6.** Je crains que vous ne *jouissiez* de plaisirs futiles. — **7.** Il est honteux de commander à ses esclaves et d'*être esclave* de ses plaisirs. — **8.** *Confiez* ces lettres à des serviteurs. — **9.** Ta vie *a été en danger* (*littéral. : tu as été en danger* au sujet de la vie).

[Élève, p. 83]　　**116. Exercice de thème.**

1. Ἀπολαύσαιτε (ou ἀπολαύοιτε) ἀεὶ τῆς αὐτῆς εὐδαιμονίας. — **2.** Οἱ μὲν ἄλλοι ὥσπερ τὰ παιδία ἐκώκυον, ἐγὼ δὲ οὐκ ἔκλαυσα μόνος. — **3.** Ἐγὼ μὲν τὰ ξύλα ἔκοψα, σὺ δὲ πῦρ καῦσον. — **4.** Τούτω τὼ ἄνθρωπε ἐθεραπευσάτην ἀλλήλους (ou ἀλλήλω). — **5.** Φυλαξάντων (ou φυλαττόντων) τοὺς νόμους οἱ πολῖται. — **6.** Ὁ Κρίτων ἀκούσας ταῦτα ἔνευσε τῷ παιδὶ πλησίον παρόντι. — **7.** Χρὴ τοὺς νεανίας παῦσαι (ou παύειν) τῆς ἀκολασίας. — **8.** Οἴνου νέου τοὺς φίλους ἐγεύσατε. — **9.** Οἰδίπους λύσας τὸ τῆς Σφιγγὸς αἴνιγμα ἐν Θήβαις ἐβασίλευσεν.

MANIÈRE DE RENDRE LE CONDITIONNEL.

(Gr., § 144.)

[Élève, p. 85]　　**117. Exercice oral.**

I. — Nous aurions dit la vérité. — Tu aurais repoussé. — Il aurait persuadé. — Vous diriez (maintenant). — Nous nous tromperions (maintenant). — Ils empêcheraient *ou* j'empêcherais (maintenant). — Tu consentirais. — Nous persuaderions. — Tu instruirais.

II. — Ἠλήθευον ἄν ; ἠληθεύσαμεν ἄν. — Ἡμάρτανες ἄν ou ἁμαρτάνοις ἄν. — Ἐκώλυσεν ἄν ; ἐκώλυον ἄν. — Ἐπείσατε ἄν.

[Élève, p. 85]   **118. Exercice de version.**

1. Si tu voulais, *tu serais* le plus heureux des hommes.
— **2.** Qui *aurait confiance* en tes paroles (*littéral.* : à toi
parlant) désormais? — **3.** Si quelqu'un nous persuadait de
prendre un aveugle pour guide de route, *nous* le *dirions* fou
sans doute. — **4.** A qui les Athéniens *auraient-ils confié* le
commandement suprême de préférence à Alcibiade? —
5. S'il te fallait instruire un jeune homme de manière à ce
qu'il soit capable de commander, comment l'*instruirais-tu?*

[Élève, p. 85]   **119. Exercice de thème.**

1. Τίς ἂν πιστεύοι (*ou* πιστεύσειε) ψεύστῃ; — **2.** Οὐκ
ἂν ἴσως ἡμαρτάνομεν εἴ τις ἡμᾶς νέους ὄντας ἐπεπαιδεύκει
ὀρθῶς λέγειν. — **3.** Οὐκ ἂν ἐφυγάδευσαν τὸν Θουκυδίδην
οἱ Ἀθηναῖοι, εἰ ἐκώλυσε τὸν Βρασίδαν Ἀμφιπόλεως κυριεῦ-
σαι. — **4.** Πῶς ἄν τις τῆς οὐκ ἐνούσης αὐτῷ κακίας αἰτίαν
ἔχοι; — **5.** Δῆλόν ἐστιν ὅτι οὐκ ἂν τοῦτο ἔλεγον κούφως.

[Élève, p. 86]   **120. Exercice étymologique.**

Donnez le sens et l'étymologie des mots suivants :

Pro-phylactique : propre à préserver la santé de ce qui est
nuisible (*en grec*, προφυλακτικός, ή, όν, *de précaution ;* πρό, *avant ;*
φυλάττω, *je garde, je garantis*). — **Thaumat-urge** : qui fait des
miracles (*en grec*, θαυματουργός, ός, όν, qui fait des choses éton-
nantes : θαῦμα, -ματος, *merveille;* ἔργον, ου, *œuvre*). — **Caustique** :
qui brûle ; *au fig.*, mordant, satirique (*en grec*, καυστικός, ή, όν, de
κάω, *je brûle,* fut. καύσω) ; — **holo-causte** : chez les Juifs, sacrifice
où la victime était entièrement brûlée (ὅλος, η, ον, *entier;* κάω). —
Apo-gée, *masc. :* point où la lune se trouve à la plus grande
distance de la terre ; *au fig.*, le plus haut point d'élévation (*en
grec*, ἀπόγειος, ος, ον, qui s'éloigne de la terre : ἀπό, *loin de ;* γῆ,
γῆς, *terre*) ; — **hypo-gée**, *masc. :* construction souterraine où les
anciens déposaient leurs morts (*en grec*, ὑπόγειος, ος, ον, souterrain : ὑπό, *sous ;* γῆ) ; — **péri-gée**, *masc. :* point de l'orbite d'une
planète où elle est le plus proche de la terre (*en grec*, περίγειος, ος,
ον, qui entoure la terre : περί, *autour de ;* γῆ).

MANIÈRE D'EXPRIMER UN ORDRE OU UNE DÉFENSE.

(Gr., §§ 142-143.)

[Élève, p. 87] **121. Exercice oral.**

I. — Qu'ils admirent, qu'ils n'admirent pas. — Repousse, ne repousse pas. — Aie confiance, n'aie pas confiance. — Qu'il dise la vérité, qu'il dise la vérité. — Écoutons, n'écoutons pas. — Qu'ils aient fini de sacrifier. — Instruisez, n'instruisez pas. — N'instruisons pas.

II. Θαύμαζε ou θαύμασον, θαυμαζέτω ou θαυμασάτω; μὴ θαύμαζε ou μὴ θαυμάσῃς, μὴ θαυμαζέτω ou μὴ θαυμάσῃ. — Κωλύωμεν ou κωλύσωμεν; μὴ κωλύωμεν ou μὴ κωλύσωμεν. — Χαῖρε, χαίρετε.

[Élève, p. 87] **122. Exercice de version.**

1. Dis ce que tu veux, mais *ne me touche pas* du doigt (*littéral. :* de la main). — 2. A tous mes amis présents et absents, *salut!* — 3. *Que* les soldats *aient confiance* dans les chefs qu'ils ont. — 4. *Ne nous fions pas* aux méchants. — 5. *Que* les enfants *disent la vérité.* — 6. *Que* les ambitieux *mettent un terme* à leurs passions. — 7. Puisque tu es jeune (*littéral. :* étant jeune), enfant, *écoute* les vieillards. — 8. *Sacrifions* aux Muses. — 9. D'abord *écoutons* l'homme; puis, après avoir écouté, *délibérons.*

[Élève, p. 87] **123. Exercice de thème.**

1. Ὦ ναῦτα, λύε (λῦσον) τὰ ἀπόγεια. — 2. Ἡμᾶς ἀπολύετε (ἀπολύσατε) ταύτης τῆς ἐπιμελείας. — 3. Ἄκουε (ἄκουσον) τὰς τῶν κυνῶν ὠρυγάς. — 4. Παιδεύωμεν (παιδεύσωμεν) τὰ ἡμῶν αὐτῶν τέκνα ἐπιμελῶς. — 5. Μὴ σεαύτῳ ἄγαν **πίστευε (πιστεύσῃς).** — 6. Μὴ ἀπό σου κωλύῃς (κωλύσῃς) τοὺς κακοδαίμονας τούς σε ἱκετεύοντας. — 7. Ἑταῖρος ἑταίρῳ **πιστευέτω (πιστευσάτω).** — 8. Τὸ δίκαιον φυλαττόντων ἀεὶ οἱ ἄνθρωποι. — 9. Θαυμάζετε τὴν τοῦδε τοῦ νεανίου τόλμαν. — 10. Χαίρετε, ὦ ἄνδρες.

EMPLOI DE L'INFINITIF.

(Gr., §§ 144-145.)

[Élève, p. 89]   **124. Exercice de version.**

1. Il est juste que les vieillards *l'emportent* en prévoyance sur les jeunes gens. — **2.** Souffrons sans contrainte ce qu'il faut *que* tout le monde *souffre*. — **3.** Je veux *que* mes serviteurs me *préparent* en abondance ce dont j'ai besoin (*littéral.* : les choses nécessaires). — **4.** Les deux mains sont faites pour *prendre* toutes deux ensemble et les deux pieds pour *marcher* tous deux ensemble. — **5.** Vous êtes mous parce que vous n'*exercez* pas votre corps (*littéral.* : par le fait de ne pas *exercer* les corps de vous-mêmes). — **6.** Mes enfants, je vous aime en ce moment tous les deux également, mais je prescris au premier-né de *prendre le premier rang*.

[Élève, p. 89]   **125. Exercice de thème.**

1. Νόμιζε τὸν Θεὸν τοὺς ἀγαθοὺς **φυλάττειν**. — **2.** Οἱ τῶν Ἑλλήνων ποιηταὶ τὴν Ἀθηνᾶν ἔλεγον **εἶναι** Θεὸν τῶν τεχνῶν. — **3.** Δεῖ τὸν μέλλοντα τῶν ἄλλων ἄρχειν **γυμνάζειν** τὸ σῶμα καὶ πόνους εὐπετῶς **φέρειν**. — **4.** Ἀθήναζε πολλὴ ἦν ἐξουσία τοῦ **λέγειν**. — **5.** Οἱ Τριάκοντα νομίζοντες Θηραμένη ἐμποδὼν **εἶναι** τῷ **πράττειν** ὃ ἔθελον, ἐπιβουλεύουσιν αὐτῷ. — **6.** Οἱ ἄγγελοι, διὰ τὴν τοῦ **λέγειν** ἀδυνασίαν, οὐ τὰ ὄντα **ἀπαγγέλλειν** ἐδύναντο. — **7.** Τὸ **ἀδικεῖν** ἐστι **βλάπτειν** ἑκόντα παρὰ τὸν νόμον.

Λυομαι, VOIX PASSIVE : PRÉSENT ET FUTUR

(Gr., § 146.)

[Élève, p. 90]   **126. Exercice oral.**

1° Analysez et traduisez :

Βασιλεύονται	3° pers. pl. ind. prés. pass. :	*ils sont gouvernés par un roi.*
βασιλευθήσονται	3° pers. pl. ind. fut. pass. :	*ils seront gouvernés par un roi.*

Πιστεύεσθαι   inf. prés. pass. :   être cru ;

πιστευθήσεσθαι   inf. fut. pass. :   devoir être cru.

Πορθμεύου   2° pers. s. impér. prés. pass. :   sois transporté (qu'on te transporte).

πορθμευέσθων   3° pers. pl. impér. prés. pass. :   qu'ils soient transportés (qu'on les transporte).

Χωλευομένους   acc. m. pl. part. prés. pass. :   qu'on est en train d'estropier ;

χωλυθησόμενα   nom.-acc. n. pl. part. fut. pass. : devant être estropiés.

Θεραπεύεσθον 2° ou 3° p. duel, ind. prés. pass. : vous êtes soignés (on vous soigne) tous les deux, ou ils sont soignés (on les soigne) tous les deux ;

θεραπεύησθον 2° ou 3° p. duel, subj. prés. pass. : que vous soyez soignés (qu'on vous soigne) tous les deux, ou qu'ils soient soignés (qu'on les soigne) tous les deux.

Κλείεται   3° pers. s. ind. prés. pass. :   il est fermé (on le ferme) ;

κλεισθήσεται   3° pers. s. ind. fut. pass. :   il sera fermé (on le fermera).

κελευόμεθα   1re pers. pl. ind. prés. pass. :   nous recevons l'ordre ;

κελευοίμεθα   1re pers. pl. opt. prés. pass. :   puissions-nous recevoir l'ordre.

2° Remplacez chacune des formes précédentes par la forme *active* correspondante, et traduisez :

Βασιλεύονται ;   **Actif :** βασιλεύουσιν : ils sont rois, ils règnent ;

βασιλευθήσονται ;   — βασιλεύσουσιν : ils régneront.

Πιστεύεσθαι ;   — πιστεύειν : croire ;

πιστευθήσεσθαι ;   — πιστεύσειν : devoir croire.

Πορθμεύου ;   — πόρθμευε : transporte (par eau) ;

πορθμευέσθων ;   — πορθμευόντων : qu'ils transportent.

Χωλευομένους ;   — χωλεύοντας : estropiant ;

χωλυθησόμενα ;   — χωλυσόμενα : devant estropier.

Θεραπεύεσθον ;   — θεραπεύετον : vous soignez tous deux ou ils soignent tous deux ;

θεραπεύησθον ;   — θεραπεύητον : que vous soigniez tous deux ou qu'ils soignent tous deux.

Κλείεται; — κλείει :   *il ferme ;*
κλεισθήσεται ; — κλείσει :   *il fermera.*
Κελευόμεθα; — κελεύομεν :   *nous ordonnons ;*
κελευοίμεθα; — κελεύοιμεν :   *puissions-nous ordonner.*

[Élève, p. 94]   **127. Exercice oral.**

Ἀπολύῃ ou ἀπολύει, ἀπολυθήσῃ ou ἀπολυθήσει. — Βασιλεύου. — Πιστεύησθε, πιστεύοισθε. — Παύεσθαι, παυθήσεσθαι. — Πορθμευόμενα. — Προθμευθησομέναις. — Χωλεύονται, χωλευθήσονται. — Θεραπεύεσθε. — Κλείοιντο ἄν.

[Élève, p. 94]   **128. Exercice de version.**

1. Je n'aime pas *le dicton :* « Rien de trop. » En effet, on ne saurait trop fuir les méchants du moins (*littéral. :* il faut trop fuir les méchants du moins). — **2.** *Nous sommes soumis à l'autorité royale la plus juste de toutes.* — **3.** *Que l'on soigne* également le corps et l'âme. — **4.** L'âme *est déformée* par le vice (*littéral. :* les âmes *sont déformées...*). — **5.** — Les blessés espèrent *être soignés* avec zèle. — **6.** Un peuple libre rédige des lois d'après lesquelles *il est gouverné.* — **7.** Étant menteur, jamais *on ne te croira,* même si tu dis la vérité. — **8.** Vous du moins, mes amis, *puissiez-vous être délivrés* de l'accusation !

[Élève, p. 94]   **129. Exercice de thème.**

1. Πάντες ἐθέλομεν ὑπὸ τῶν τέκνων **θεραπεύεσθαι.** — **2.** Κινδύνων οὐδέποτε **ἀπολυθησόμεθα.** — **3.** Ταχὺ **παυθήσεται** ὁ πόλεμος. — **4.** **Κλειέσθων** νυκτὸς πᾶσαι αἱ θύραι ἐπιμελῶς. — **5.** Ἄν **κελεύοιο** παρασκευάζειν τὰ ὅπλα. — **6.** Εἰς τὴν Ἀσίαν ἄνευ κινδύνου **πορθμεύοιντο.** — **7.** Πολλὰ **πιστεύεται** ψευδῶς. — **8.** **Θεραπεύσονται** οἱ τραυματίαι.

Λύομαι, VOIX PASSIVE : IMPARFAIT ET AORISTE.

(Gr., § 146.)

[Élève, p. 92]   **130. Exercice oral.**

1° Conjuguez le verbe ἄρχω, *je commande*, à l'imparfait actif (ἦρχον) et à l'imparfait passif (ἠρχόμην).

2° Conjuguez l'aoriste indicatif de ἱδρύω, *j'établis* : 1° à la voix active (ἵδρυσα) ; 2° à la voix passive (ἱδρύθην) et successivement tous les autres modes, *en donnant le sens chaque fois.*

[Ne comporte pas de corrigé.]

[Élève, p. 92]   **131. Exercice oral.**

1° Analysez et traduisez :

Ἐπαιδεύετο	3ᵉ pers. s. ind. imparf. pass. :	*il était élevé (on l'élevait) ;*
ἐπαιδεύθη	3ᵉ pers. s. ind. aor. pass. :	*il fut élevé (on l'éleva).*
Ἐτίοντο	3ᵉ pers. pl. ind. imparf. pass. :	*ils étaient honorés (on les honorait) ;*
ἐτίεσθε	2ᵉ pers. pl. ind. imparf. pass. :	*vous étiez honorés (on vous honorait).*
Ἐνομίζου	2ᵉ pers. s. ind. imparf. pass. :	*tu passais pour ;*
ἐνομίσθης	2ᵉ pers. s. ind. aor. pass. :	*tu passas pour.*
Ἐπρεσβευόμεθα	1ʳᵉ pers. pl. ind. imparf. pass. :	*nous étions envoyés (on nous envoyait) en ambassade :*
ἐπρεσβεύθημεν	1ʳᵉ pers. pl. ind. aor. pass. :	*nous fûmes envoyés (on nous envoya) en ambassade.*
Φονευθῆναι	inf. aor. pass. :	*avoir été tué* ou *être tué ;*
φονευθέντες	nom. masc. pl. part. aor. pass. :	*ayant été tués ;*
φονευθείσας	acc. f. pl. part. aor. pass. :	*ayant été tuées.*
Ὀνομάσθητι	2ᵉ pers. s. impér. aor. pass. :	*sois nommé ;*
ὀνομασθείης ἄν	2ᵉ pers. s. opt. aor. pass. :	*tu serais nommé.*
Ἀρχθῶσιν	3ᵉ pers. pl. subj. aor. pass. :	*qu'ils soient commandés (qu'on les commande).*
ἀρχθεῖεν	3ᵉ pers. pl. opt. aor. pass. :	*puissent-ils être commandés (puisse-t-on les commander).*

Ἐπαίοντο   3ᵉ pers. pl. ind. imparf. pass. : *ils étaient battus (on les battait).*

Ἱδρυθήτην   2ᵉ ou 3ᵉ p. duel, ind. aor. pass.: *vous fûtes établis (on vous établit) tous deux ou ils furent établis (on les établit) tous deux ;*

ἱδρυθῆναι   inf. aor. pass. : *être établi ;*

ἱδρυθέντων   gén. m.-n. pl. part. aor. pass. : *[d'eux] ayant été établis ;*

ἱδρυθεισῶν   gén. f. pl. part. aor. pass. : *[d'elles] ayant été établies.*

    2° Remplacez chacune de ces formes par la forme *active* correspondante et traduisez :

Ἐπαιδεύετο ;	**Actif :** ἐπαίδευε :	*il élevait ;*
ἐπαιδεύθη ;	— ἐπαίδευσε :	*il éleva, il a élevé, il eut élevé.*
Ἐτίοντο ;	— ἔτιον :	*ils honoraient ;*
ἐτίεσθε ;	— ἐτίετε :	*vous honoriez.*
Ἐνομίζου ;	— ἐνόμιζες :	*tu pensais ;*
ἐνομίσθης ;	— ἐνόμισες :	*tu pensas, tu as (tu eus) pensé.*
Ἐπρεσβευόμεθα ;	— ἐπρεσβεύομεν :	*nous envoyions en ambassade ;*
ἐπρεσβεύθημεν ;	— ἐπρεσβεύσαμεν :	*nous envoyâmes…*
Φονευθῆναι ;	— φονεῦσαι :	*tuer ;*
φονευθέντες ;	— φονεύσαντες :	*[eux] ayant tué ;*
φονευθείσας ;	— φονευσάσας :	*[elles] ayant tué.*
Ὀνομάσθητι ;	— ὀνόμασον :	*nomme ;*
ὀνομασθείης ἄν ;	— ὀνομάσειας ἄν :	*tu nommerais.*
Ἀρχθῶσιν ;	— ἄρξωσιν :	*qu'ils commandent ;*
ἀρχθεῖεν ;	— ἄρξειαν :	*puissent-ils commander.*
Ἐπαίοντο ;	— ἔπαιον :	*ils battaient.*
Ἱδρυθήτην ;	— ἱδρυσάτην :	*vous établîtes (ils établirent tous deux) ;*
ἱδρυθῆναι ;	— ἱδρῦσαι :	*avoir établi ou établir ;*
ἱδρυθέντων ;	— ἱδρυσάντων :	*[d'eux] ayant établi ;*
ἱδρυθεισῶν ;	— ἱδρυσασῶν :	*[d'elles] ayant établi.*

[Élève, p. 93] **132. Exercice oral.**

’Επαίου, ἐπαίετο. — ’Επαιδευόμεθα, ἐπαιδεύθημεν. —
’Ετίοντο, ἐτιόμην. — ῾Ιδρυθῆναι. — Φονευθέντας. —
’Ονομασθείης ἄν, ὠνομάζου ἄν. — ῎Αρχθητε.

[Élève, p. 93] **133. Exercice de version.**

1. Cyrus *était élevé* avec son frère et avec les autres
enfants. — **2.** Héra et Hermès (Junon et Mercure) *étaient
honorés* par les habitants de Samos. — **3.** Assurément si
dès le début tu avais dit cela, *tu ne passerais pas en ce
moment*, à juste raison, pour un méchant homme. — **4.** *Vous
étiez envoyés* (on vous envoyait) en ambassade vers les
Athéniens. — **5.** Un État ne *saurait être* bien *gouverné* sans
la concorde. — **6.** Plût au ciel que tous les jeunes gens
fussent bien *élevés!* — **7.** Ne sème pas avant d'en *avoir reçu*
l'ordre du dieu. — **8.** Les meilleurs soldats *furent tués* devant
leur général.

[Élève, p. 93] **134. Exercice de thème.**

1. Στρατιώτου λέγοντός τινος ὅτι **ἐπαίετο** ὑπὸ Ξενο-
φῶντος· « ’Αλλά, ἔφη, καὶ λέξον ἐκ τίνος αἰτίας **ἐπαίου** ». —
2. ῾Ο ’Αριστείδης δικαιότατος τῶν ῾Ελλήνων **ὠνομάζετο**.
— **3.** ’**Επαιδεύθη** ὁ Κῦρος ἐκ τοῦ τῶν Περσῶν νόμου μετὰ
τῶν ἡλικιωτῶν. — **4.** ’Ιατρὸν κάλει ἵνα καλῶς **θεραπευθῇς**.
— **5.** **Φυγαδευθεὶς** ἐξ ’Αθηνῶν ὁ ’Αλκιβιάδης ἧκεν εἰς
’Ασίαν. — **6.** ῾**Ιδρύθη** ὁ πύργος ἐπὶ τοῦ λόφου.

Λύομαι, VOIX PASSIVE : PARFAIT, PLUS-QUE-PARFAIT,
FUTUR ANTÉRIEUR.

(Gr., § 146.)

[Élève, p. 94] **135. Exercice oral.**

Donnez, *avec le sens,* l'infinitif et le participe parfait passifs de : ...

Infinitif parfait	Participe parfait
βεβουλεῦσθαι;	βεβουλευμένος, η, ον.
avoir été examiné ;	examiné, qu'on a fini d'examiner.

4.

κεκωλῦσθαι ;
avoir été détourné, être empêché ;

κεκωλυμένος, η, ον.
qu'on a fini de détourner, em-
    pêché.

κεκλεῖσθαι ;
avoir été fermé ;

κεκλεισμένος, η, ον.
fermé, qui se trouve maintenant
    fermé.

τετοξεῦσθαι ;
avoir été atteint d'un trait ;

τετοξευμένος, η, ον.
blessé par un trait qui a été lancé.

ἱδρῦσθαι ;
avoir été construit ;

ἱδρυμένος, η, ον.
construit, qu'on a fini de cons-
    truire.

ὠχετεῦσθαι ;
avoir été dérivé ;

ὠχετευμένος, η, ον.
dérivé, dont la dérivation est
    terminée.

πεπαιδεῦσθαι ;
avoir été instruit ;

πεπαιδευμένος, η, ον.
instruit, dont l'instruction est
    achevée.

τεθεραπεῦσθαι ;
avoir été soigné ;

τεθεραπευμένος, η, ον.
soigné, qui a maintenant reçu
    des soins.

πεφυτεῦσθαι ;
avoir été planté ;

πεφυτευμένος, η, ον.
planté, qui se trouve planté.

κεχρῖσθαι ;
avoir été enduit ;

κεχριμένος, η, ον,
enduit, qu'on a fini d'enduire.

τεθῦσθαι ;
avoir été sacrifié ;

τεθυμένος, η, ον.
sacrifié, dont le sacrifice est
    consommé.

πεφονεῦσθαι ;
avoir été tué ;

πεφονευμένος, η, ον.
tué, dont le meurtre est consom-
    mé.

[Élève, p. 94]   **136. Exercice oral.**

1° Conjuguez à tous ses modes le parfait passif de χρίω
(κέχριμαι) ;

2° Conjuguez le plus-que-parfait passif de φυτεύω (ἐπεφυ-τεύμην);

3° Conjuguez à tous ses modes le futur antérieur passif de κλείω (κεκλείσομαι).

[Ne comporte pas de corrigé.]

[Élève, p. 94]   **137. Exercice oral.**

1° Analysez et traduisez :

Κεκώλυσαι, 2ᵉ pers. s. ind. parf. pass. : *tu es détourné (on a fini de te détourner)* ;

ἐκεκώλυσο, 2ᵉ pers. s. ind. pl.-q.-p. pass. : *tu étais détourné (on avait fini de te détourner)* ;

κεκωλύσει, 2ᵉ pers. s. ind. fut. ant. pass. : *tu seras détourné (on aura fini de te détourner)*.

Κεκλείσθω, 3ᵉ pers. s. impér. parf. pass. : *qu'il soit fermé* ;

κεκλειμένα εἴη, 3ᵉ pers. n. pl. opt. parf. pass. : *puissent-ils être fermés ! (puisse-t-on avoir fini de les fermer !)*

Τετοξεῦσθαι, inf. parf. pass. : *avoir été atteint d'un trait* ;

τετοξεύσεσθαι, inf. fut. ant. pass. : *devoir se trouver atteint...*

Ἵδρυται, 3ᵉ pers. s. ind. parf. pass. : *il est construit (on a fini de...)*

ἵδρυτο, 3ᵉ pers. s. ind. pl.-q.-p. pass. : *il était construit (on avait fini de...)*

ἱδρυθήσεται, 3ᵉ pers. s. ind. fut. pass. : *il sera construit (on le construira)*.

Ὠχετευμένη, nom. f. s. part. parf. pass. : *dérivée (qui se trouve dérivée)* ;

ὠχετευμένῃ, dat. f. s. part. parf. pass. : *[à elle] dérivée* ;

ὠχετεύσονται, 3ᵉ pers. pl. ind. fut. ant. pass. : *ils seront dérivés (on aura fini de les dériver)*.

Πεπαιδεύμεθα, 1ʳᵉ pers. pl. ind. parf. pass. : *nous sommes instruits (notre instruction est achevée)* ;

πεπαιδευμένοι ὦμεν, 1ʳᵉ pers. pl. subj. parf. pass. : *que nous soyons instruits (que notre instruction soit achevée)* ;

πεπαιδευμένοι εἶμεν, 1ʳᵉ pers. pl. opt. parf. pass. : *puissions-nous être instruits ! (puisse notre éducation être achevée !)*

Τεθεράπευσθον, 2ᵉ *ou* 3ᵉ pers. duel, ind. parf. pass. : *nous sommes soignés (on a fini de nous soigner) tous deux, ou ils sont soignés (on a fini de les soigner) tous deux, ou encore soyez soignés tous deux* (2ᵉ pers. duel. impér. parf. pass.);

τεθεραπευμένας, acc. f. pl. part. parf. pass. : *soignées (elles qui ont maintenant reçu des soins).*

Ἐκέχριντο, 3ᵉ pers. pl. ind. pl.-q.-p. pass. : *ils étaient frottés (on avait fini de les frotter)*;

κεχριμένοι εἶεν, 3ᵉ pers. pl. opt. parf. pass. : *puissent-ils être frottés! (puisse-t-on avoir fini de les frotter!)*

κεχρίσθων, 3ᵉ pers. duel *ou* pl. impér. parf. pass. : *qu'ils soient frottés (tous deux), ou qu'ils soient frottés (plus de deux).*

Πεφόνευται, 3ᵉ pers. s. ind. parf. pass. : *il est tué (on lui a donné la mort, le voilà mort)*;

πεφονεύσεσθε, 2ᵉ pers. pl. ind. fut. ant. pass. : *vous serez tués (on vous aura donné la mort)*;

πεφονευμένῃ, dat. f. s. part. parf. pass. : *[à elle] tuée (qui est morte maintenant).*

2° Remplacez chacune des formes précédentes par la forme *active* correspondante et traduisez :

Κεκώλυσαι;	actif:	κεκώλυκεν :	*il a fini de détourner;*
ἐκεκώλυσο;	—	ἐκεκωλύκειν ;	*il avait fini de détourner;*
κεκωλύσει;	—	κεκωλυκὼς ἔσται:	*il aura fini de détourner.*
Κεκλείσθω;	—	κεκλεικὼς ἔστω :	*qu'il ait fini de fermer;*
κελειμένα εἴη ;	—	κεκλείκοι :	*puissent-ils avoir fini d'ouvrir! (le sujet grec étant un pluriel neutre).*
Τετοξεῦσθαι;	—	τετοξευκέναι :	*avoir fini de lancer des traits;*
τετοξεύσεσθαι;	—	n'existe pas.	
Ἵδρυται;	—	ἵδρυκεν :	*il a fini de construire;*
ἵδρυτο;	—	ἱδρύκειν :	*il avait fini de construire;*
ἱδρυθήσεται;	—	ἱδρύσει :	*il construira.*
Ὠχετευμένη;	—	ὠχετευκυῖα :	*qui a fini de dériver;*
ὠχετευμένῃ;	—	ὠχετευκυίᾳ :	*[à elle] ayant fini de dériver;*
ὠχετεύσονται;	—	ὠχετευκότες ἔσονται :	*ils auront fini de dériver.*

Πεπαιδεύμεθα; — πεπαιδεύκαμεν: *nous avons fini d'ins-truire ;*

πεπαιδευμένοι ὦμεν; — πεπαιδεύκωμεν : *que nous ayons fini d'instruire ;*

πεπαιδευμένοι εἶμεν; — πεπαιδεύκοιμεν : *puissions - nous avoir fini d'instruire !*

Τεθεράπευσθον; — 1° indic. : τεθεραπεύκατον : *vous avez ou ils ont fini de soigner (tous deux)*; 2° impér. : τεθεραπευκότε ἔστον : *ayez fini de soigner (tous deux).*

τεθεραπευμένας; — τεθεραπευκυίας : *[elles] ayant fini de soigner.*

Ἐκέχριντο; — ἐκεχρίκεσαν : *ils avaient fini de frotter;*

κεχριμένοι εἶεν; — κεχρίκοιεν : *puissent-ils avoir fini de frotter !*

κεχρίσθων; — 1° κεχρικότε εστων : *qu'ils aient fini de frotter ! (tous deux) ;*

2° κεχρικότες ὄντων : *qu'ils aient fini de frotter (au pluriel).*

Πεφόνευται; — πεφόνευκε : *il a fini de tuer (il est le meurtrier de...);*

πεφονεύσεσθε; — πεφονευκότες ἔσεσθε : *vous aurez fini de tuer :*

πεφονευμένη; — πεφονευκυία : *[à elle] ayant fini de tuer (étant l'auteur du meurtre).*

[Élève, p. 95]   **138. Exercice oral.**

Πεπαίδευσαι ; ἐπεπαίδευσο ; πεπαιδεύσει ου πεπαιδεύσῃ. — Κεκωλῦσθαι ; κεκωλύσεσθαι. — Πεφυτευμένα. — Κεκλείσθων. — Τεθύσεται.

[Élève, p. 95]   **139. Exercice de version.**

1. Mais toi, mon garçon, tu as bien des choses que les autres n'ont pas ; car *on t'a élevé* avec soin (*tu as une éducation* soignée). — 2. Dans un danger public, personne ne voudrait *se trouver dans l'empêchement* de porter secours à

ceux qui sont en danger. — 3. Les passions *enracinées* (*littéral.* : *qu'on a fini de planter, qui se trouvent plantées*) dans l'âme la persuadent de ne pas obéir à la raison. — 4. *On avait délié* les prisonniers avant de les *sacrifier* aux dieux. — 5. Ces deux frères *ont été élevés* par le même maître. — 6. *Qu'on ait fermé* la porte avant le coucher du soleil (*littéral.*: avant le soleil couché). — 7. *On avait bâti* encore d'autres temples ici même et depuis longtemps.

[Élève, p. 95]　　　**140. Exercice de thème.**

1. Τετόξευμαι διὰ τὴν ἀσπίδα. — 2. Ὡς καλὰ μὲν τάδε τὰ δένδρα, ὡς τεχνικῶς δὲ **πεφυτευμένα**. — 3. **Τεθεράπευνται** οἱ τραυματίαι. — 4. Παρῆν ὁ Γρύλλος ὃς ἐν Σπάρτῃ **ἐπεπαίδευτο**. — 5. Ἵδρυται ἐρύματα βέβαια περὶ τὸ στρατόπεδον. — 6. Πρὸ τῆς νυκτὸς **κεκλείσονται** αἱ πύλαι. — 7. Πάντα πάλαι **βεβούλευται**.

[Élève, p. 96]　　　**141. Exercice lexicologique.**

En mettant α (*privatif*) devant les substantifs suivants, et en en modifiant la finale, formez des adjectifs en ος, ος, ον.

Βουλή,	*avis;*	— irréfléchi :	ἄβουλος, ος, ον.
Δίκη,	*justice :*	— injuste :	ἄδικος...
Κεφαλή,	*tête;*	— sans tête :	ἀκέφαλος...
Λύπη,	*chagrin :*	— exempt de chagrin :	ἄλυπος...
Μάχη,	*combat :*	— qui s'abstient de combattre :	ἄμαχος...
Μηχανή,	*machine :*	— embarrassé, impraticable :	ἀμήχανος...
Μορφή,	*forme :*	— informe, hideux :	ἄμορφος...
Δόξα,	*réputation :*	— sans réputation, méprisé :	ἄδοξος...
Πεῖρα,	*expérience :*	— inexpérimenté :	ἄπειρος...
Τέχνη,	*art;*	— fait sans art :	ἄτεχνος...
Τιμή,	*honneur :*	— sans honneur :	ἄτιμος...
Τόλμα,	*audace :*	— sans audace, timide :	ἄτολμος...
Τροφή,	*nourriture;*	— qui dépérit faute de nourriture :	ἄτροφος...
Φωνή,	*voix;*	— sans voix :	ἄφωνος...
Ψυχή,	*âme;*	— inanimé :	ἄψυχος...
Ἀρχή,	*gouvernement;*	— qui n'a pas de gouvernement :	ἄναρχος...
Αἰτία,	*cause :*	— innocent :	ἀναίτιος...

[Élève, p. 96] **142. Exercice étymologique.**

Décomposez les adjectifs suivants et donnez-en le sens étymologique.

'Αβέβαιος, peu sûr, *de à priv.* et βέβαιος, ος, ον, sûr.
ἄδειπνος, à jeun, *de à priv.* et τὸ δεῖπνον, ου, dîner.
ἄθεος, athée, *de à priv.* et ὁ θεός, οῦ, dieu.
ἄθυμος, découragé, *de à priv.* et ὁ θυμός, οῦ, volonté.
ἄκαρπος, stérile, *de à priv.* et ὁ καρπός, οῦ, fruit.
ἀκέρατος, sans corne, *de à priv.* et τὸ κέρας,-ρατος, corne.
ἄμετρος, démesuré, *de à priv.* et τὸ μέτρον, ου, mesure.
ἄνανδρος, efféminé, *de àν priv.* et ὁ ἀνήρ, ἀνδρός, vir.
ἀνάριθμος, innombrable, *de àν priv.* et ὁ ἀριθμός, οῦ, nombre.
ἀνόμοιος, dissemblable, *de àν priv.* et ὅμοιος, α, ον, semblable.
ἄνομος, contraire aux lois, *de à priv.* et ὁ νομός, οῦ, loi.
ἄνυδρος, sans eau, *de àν priv.* et τὸ ὕδωρ, ὕδατος, eau.
ἀνώνυμος, anonyme, *de àν priv.* et τὸ ὄνομα, -ματος, nom.
ἄπιστος, défiant, *de à priv.* et πιστός, ή, όν, croyant.
ἄπτερος, sans ailes, *de à priv.* et τὸ πτερόν, οῦ, aile.
ἄπυρος, sans feu, *de à priv.* et τὸ, πῦρ, πυρός, feu.
ἀργός, paresseux, *de à priv.* et τὸ ἔργον, ου, action, œuvre.
ἄσαρκος, décharné, *de à priv.* et ἡ σάρξ, σαρκός, chair.
ἄσιτος, qui fait diète, *de à priv.* et ὁ σῖτος, ου, blé; aliment.
ἄτεκνος, sans enfants, *de à priv.* et τὸ τέκνον, ου, enfant.
ἄφιλος, sans amis, *de à priv.* et ὁ φίλος, ου, ami.
ἄφυλλος, sans feuilles, *de à priv.* et τὸ φύλλον, ου, feuille.
ἄφοβος, sans crainte, *de à priv.* et ὁ φόβος, ου, crainte.
ἄφωνος, sans voix, *de à priv.* et ἡ φωνή, ῆς, voix.
ἀχάριστος, ingrat, *de à priv.* et ἡ χάρις, -ριτος, grâce, reconnaissance.

REMARQUES SUR L'EMPLOI DU PASSIF.

(Gr., §§ 147-149.)

[Élève, p. 97] **143. Exercice de version.**

1. Les dieux *ont pour roi* Jupiter. — 2. La porte de la maison *est déjà fermée*. — 3. Dédale, retenu prisonnier par Minos à cause de son habileté, *était contraint* d'être son esclave. — 4. Les portes des maisons à Babylone *étaient enduites* d'asphalte (à Babylone *on enduisait* d'asphalte...). 5. Les corps des morts *étaient brûlés* par les anciens (les anciens *brûlaient* les corps des morts). — 6. *Il fallait délier* les prisonniers. — 7. *Il faut honorer* les vieillards. — 8. *Il ne faudra* jamais *croire* les flatteurs. — 9. Un noyer *planté*

sur une route portait beaucoup de fruits ; mais *il était
attaqué* à coups de pierres par les passants à cause de ses
noix. — **10**. Il y a longtemps que tout cela *est examiné*.

[Élève, p. 97]   **144. Exercice de thème.**

1. Ἀποκωλύονται τότε οἱ Αἰγύπτιοι ἀπὸ τῶν πύργων
λίθοις καὶ ἀκοντίοις. — **2**. Ἡ τῶν Ἀθηναίων στρατιὰ
βεβαίως ἐδόκει ἱδρῦσθαι ἐπὶ τοῦ λόφου. — **3**. Ἠναγκα-
ζόμεθα φεύγοντες ἅμα ἀκοντίζειν. — **4**. Ἵδρυτο ἡ πόλις
πρὸς τῇ θαλάττῃ. — **5**. Τὰ ἐν ὁδῷ **πεφυτευμένα** δένδρα
λίθοις **βάλλονται** ὑπὸ τῶν παροδιτῶν. — **6**. Ταῦτα **λέγεται.**
— **7**. Ἡ βάτος **ἐκάετο.** — **8**. Ἐλέλυτο ἡ γέφυρα. —
9. Οὐκ ἀεὶ **ἑαυτοὺς θεραπεύουσιν** οἱ ἰατροί. — **10**. Ἡ
Πάνθεια **ἑαυτὴν ἐφόνευσεν** ἀκινάκῃ.

[Élève, p. 98]   **145. Exercice étymologique.**

Donnez le sens et l'étymologie des mots suivants :

Police : règlements établis pour assurer l'ordre et garantir la
sécurité des personnes dans un État ou dans une ville (*grec*,
πολιτεία, administration de la cité, *de* ἡ πόλις, πόλεως, *État, ville*) ;
— **politique**, *adj.* : qui a rapport au gouvernement d'un État ; qui
s'occupe des affaires publiques (*grec*, πολιτικός, relatif au gouvernement, *de* ἡ πόλις) ; — **métropole** : capitale d'un État ; l'État lui-
même par rapport aux colonies (*grec*, μητρόπολις, ville mère, *de*
ἡ μήτηρ, μητρός, *mère*, et πόλις) ; — **nécropole** : vaste souterrain
destiné aux sépultures ; grand cimetière orné de monuments (*de*
ὁ νεκρός, ου, *le mort*, et πόλις) ; — **Pentapole** : territoire compre-
nant cinq grandes villes (*de* πέντε, *cinq*, et πόλις).

Phénomène : tout ce qui tombe sous les sens ; *par extension* :
ce qui est extraordinaire (*grec*, τὸ φαινόμενον, ου, *de* φαίνομαι, *je
parais*) ; — **fantaisie** : imagination ; volonté capricieuse (*grec*,
φαντασία, action de se montrer, *de* φαίνω, *je fais paraître*) ; —
fantôme : apparition, vaine imagination (*grec*, φάντασμα, *même
sens*, *de* φαίνω) ; — **fantastique** : qui n'a rien de réel, imaginaire
(*grec*, φανταστικός, relatif à la faculté d'imaginer, *de* φαίνω) ; —
diaphane : qui laisse passer la lumière (*de* διά, *à travers*, et
φαίνω).

Λύομαι, VOIX MOYENNE : PRÉSENT ET IMPARFAIT.
(Gr., § 150 et §§ 151-152, *sens du moyen*.)

[Élève, p. 99]   **146. Exercice oral.**

1° Conjuguez le *présent* et l'*imparfait* de πείθω, *je persuade* et de πείθομαι, *j'obéis*, en donnant successivement chaque mode, d'abord à la voix *active*, ensuite à la voix *moyenne*.

[Ne comporte pas de corrigé.]

2° Analysez et traduisez :

1. Βουλεύει   2° pers. s. ind. pr. moy. :   *tu délibères ;*

ἐβουλεύετο   3° pers. s. ind. imparf. moy. :   *il délibérait ;*

βουλευέσθων, 3° pers. duel *ou* pl. impér. pr. moy. : *qu'ils délibèrent (tous deux) ou qu'ils délibèrent (plus de deux) ;*

βουλευοίμεθα   1re pers. pl opt. prés. moy. : *puissiez-v. délibérer !*

βουλευομένους   acc. m. pl. part. prés. moy. : *[eux] délibérant ;*

βουλεύεται   3° pers. s. ind. pr. moy. : *il délibère ;*

βουλεύοιντο   3° pers. pl. opt. pr. moy. : *puissent-ils délibérer !*

βουλεύηται   3° pers. s. subj. pr. moy. : *qu'il délibère.*

2. Αἰσχυνόμεθα   1re pers. pl. ind. pr. moy. : *nous avons honte ;*

ᾐσχύνοντο   3° pers. pl. ind. imparf. moy. : *ils avaient honte ;*

αἰσχύνεσθαι   inf. pr. moy. : *avoir honte.*

3. Ἕπεσθε   2° pers. pl. ind. *ou* impér. pr. moy. : *vous suivez ou suivez.*

ἕπου   2° pers. s. impér. pr. moy. : *suis ;*

ἕποιο   2° pers. s. opt. pr. moy. : *puisses-tu suivre !*

ἑποιμέναις   dat. f. pl. part. pr. moy. : *[à elles] suivant.*

4. Φαίνεται   3° pers. s. ind. pr. moy. : *il paraît, il se montre ;*

πειθώμεθα   1re pers. pl. subj. pr. moy. : *que nous obéissions ;*

ᾤεσθε   2° pers. pl. ind. imparf. moy. : *vous croyiez ;*

βουλεύου   2° pers. s. impér. pr. moy. : *délibère ;*

γίγνονται   3° pers. pl. ind. prés. moy. : *ils deviennent ;*

αἰσχυνοίμην ἄν   1re pers. s. prés. opt. moy. : *j'aurais honte ;*

πολιτευομένους   acc. m. pl. part. pr. moy. : *[eux] administrant ;*

βούλῃ   2° pers. s. ind. *ou* subj. pr. moy. : *tu veux ou que tu veuilles ;*

ἐφέροντο   3° pers. pl. ind. imparf. moy. : *ils apportaient pour eux.*

74 LE VERBE.

[Élève, p. 99] **147. Exercice de version.**

1. Toute science qui se sépare de la vertu *paraît* artifice criminel et non savoir. — 2. En toute chose, *obéissons* à ceux que *nous croyons* être les plus habiles. — 3. *Délibère* (réfléchis) lentement, mais agis vite. — 4. Les menteurs souvent *deviennent* voleurs. — 5. Plût au ciel que tout le monde *délibérât* sans colère. — 6. *J'aurais honte* si je faisais cela. — 7. Amis, *suivez*-moi. — 8. Punissez ceux qui *administrent les affaires* contrairement à la loi. — 9. *Délibérez* pour savoir si *vous voulez* nous faire la guerre ou être nos amis. — 10. Les enfants des Perses *apportaient* de chez eux, pour manger chez leur maître d'école, du pain et du cresson. — 11. *Vous n'aviez* pas *honte* d'agir ainsi, vous !

[Élève, p. 101] **148. Exercice oral.**

1. Ἠμυνόμην, ἀμύνου, ἀμύνεσθαι, ἀμυνόμεθα, ἠμύνεσθε, ἀμυνέσθων et ἀμύνωνται, ἀμύνοιτο. — 2. Ὀργιζόμεθα, ὀργίζειο ὀργίζῃ, ὀργίζεσθε, ὀργιζόμενοι, ὀργιζώμεθα, ὀργίζοιο. — 3. Λογιζόμεθα, λογιζώμεθα, λογίζοισθε ἄν, λογιζομένης, ἐλογίζεσθε, ἐλογίζου, λογίζῃ, λογιζέτω et λογίζῃ, λογίζεσθαι. — 4. Μεταχειρίζεται, — πείθονται, — λουώμεθα, — πορίζεται, — πειθώμεθα, — ἐνδύου, — ἂν εἵποντό μοι, — ᾤοντο, — ἐθύετο, — ὠργίζεσθε, — ἥδου.

[Élève, p. 101] **149. Exercice de thème.**

1. Ὁ νοῦς τὸ σῶμα ὅπως βούλεται μεταχειρίζεται. — 2. Οἱ ναῦται ἐν θαλάττῃ πείθονται τῷ κυβερνήτῃ. — 3. Λογιζώμεθα ὁπόσα μοι ὀφείλεις. — 4. Ἀλλὰ ἄγε, πειθώμεθα τῷδε τῷ ἀνδρὶ καὶ λουώμεθα. — 5. Ὅστις τοὺς πολεμίους ἐκβάλλει ἐκ τῆς πατρίδος, δόξαν μὲν πορίζεται, κίνδυνον δ' ἀμύνεται. — 6. Τοῦτον τὸν χιτῶνα πρῶτον ἐνδύου. — 7. Εἰ ἐγὼ βουλοίμην ἄρχειν, πάντες ἂν ἐμοὶ εἵποντο. — 8. Οἱ Ἕλληνες ᾤοντο ἐλευθερίαν εἶναι ἀντάξιον τῶν πάντων χρημάτων. — 9. Ὁ Κῦρος ἐθύετο ἐπὶ τῇ πορείᾳ. — 10. Ὑμεῖς ὠργίζεσθε τῷ ἀνδρὶ ἐκείνῳ. — 11. Ὡς ἥδου τῇ ἡσυχίᾳ τῇ παρούσῃ.

Λύομαι, VOIX MOYENNE : FUTUR ET AORISTE.
(Gr., § 150 et §§ 151-152, *sens du moyen*.)

[Élève, p. 102]   **150. Exercice oral.**

1° Conjuguez le futur de φυτεύω, *je plante* (φυτεύσω), de φυτεύομαι, *on me plante* (φυτευθήσομαι), de φυτεύομαι, *je plante pour moi* (φυτεύσομαι), en donnant chaque mode successivement, d'abord à la voix active, puis à la voix passive, enfin à la voix moyenne.

2° Conjuguez de même aux trois voix *l'aoriste* du même verbe (ἐφύτευσα, ἐφυτεύθην, ἐφυτευσάμην).

[Ne comporte pas de corrigé.]

[Élève, p. 102]   **151. Exercice oral.**

1° Analysez et traduisez en français :

1. Γεύσομαι	1re pers. s. ind. fut. moy. :	*je goûterai ;*
γεύσεσθε	2e pers. pl. ind. fut. moy. :	*vous goûterez ;*
γεύσεσθαι	infin. fut. moy. :	*devoir goûter ;*
γευσομένους	acc. m. pl. ind. fut. moy. :	*[eux] devant goûter ;*
2. Παῦσαι	2e pers. s. impér. aor. moy. :	*cesse ;* ou encore :
—	inf. aor. act. :	*faire cesser* ou *avoir fait cesser ;*
ἐπαύσατο	3e pers. s. ind. aor. moy. :	*il cessa, il a (il eut) cessé ;*
παυσαμένης	gén. f. s. part. aor. moy. :	*[d'elle] ayant cessé ;*
παύσασθαι	inf. aor. moy. :	*avoir cessé* ou *cesser ;*
παυσάσθω	3e pers. s. impér. aor. moy. :	*qu'il cesse ;*
παύσαιο	2e pers. s. opt. aor. moy. :	*puisses-tu cesser !*

παυσάσθων, 3e pers. duel, *ou* 3e pers. pl. impér. aor. moy. : qu'ils cessent (*tous deux*) ou qu'ils cessent (*à plusieurs*).

3. Πορεύσεσθε	2e pers. pl. ind. fut. moy. :	*vous ferez route.*
καταδυσάμενος	n. m. s. part. aor. moy. :	*s'étant plongé.*
ἀκούσει	2e pers. s. ind. fut. moy. :	*tu entendras.*
διαλυσάσθην	2e ou 3e pers. duel, ind. aor. moy. :	*ils détruisirent.*
ἐλούσω	2e pers. s. ind. aor. moy. :	*tu pris ton bain.*
θύσηται	3e pers. s. subj. aor. moy. :	*qu'il fasse un sacrifice (pour lui).*

2° [Traduisez en grec :]

1. Ἐγεύσαντο, γεύσεσθαι, γεῦσαι (*ou* γεύου), γεύσαιο (*ou* γεύοιο), γευσάσθω *ou* γεύσηται (γευέσθω *ou* γεύηται), γευσόμεθα. — **2.** Λουσόμενος, — παύσεται, — ἐθύσαντο, — πορευσώμεθα (*ou* πορευώμεθα), — ἀκούσει *ou* ἀκούσῃ, — ἐστρατοπεδεύσασθε, — ἀπολαύσονται.

[Élève, p. 103] **152. Exercice de version.**

1. Ce glouton ne *cessera* pas de manger. — **2.** Vous, *vous ferez la route* à pied et nous à cheval. — **3.** *Au moment de se plonger* dans la mer, le soleil est rouge. — **4.** Quelle jouissance honnête crois-tu *devoir retirer* du fait de posséder une grande fortune (comment crois-tu qu'on doive employer une grande fortune pour en jouir honnêtement)? — **5.** Oui, *tu apprendras* de moi toute la vérité. — **6.** Les Macédoniens *goûtèrent* à la manière de vivre des Barbares. — **7.** *Qu'ils mettent fin* à leurs querelles par une guerre. — **8.** *Tu as délié* tes liens (brisé tes chaînes). — **9.** L'homme qui *a* bien *ensemencé* un champ ne sait guère qui en *fera la récolte.* — **10.** *Nous campâmes* sans feu et sans nourriture.

Élève, p. 103] **153. Exercice de thème.**

1. Ὁ Ἀλέξανδρος ἧκεν ἐπὶ τὸν ποταμὸν Κύδνον **λουσόμενος.** — **2.** Πῶς δὲ ταῦτα πάντα **παύσεται.** — **3.** Πορευσόμενοι, τοῖς θεοῖς **ἐθύσαντο.** — **4. Παύσει** σὺ δακρύων. — **5.** Ἐλπίζω σε τῆς σῆς σωφροσύνης **ἀπολαύσεσθαι.** — **6.** Ὑμεῖς δὲ ἡμῶν **ἀκούσεσθε** πᾶσαν τὴν ἀλήθειαν. — **7.** Ἕκαστος περὶ τῆς αὑτοῦ σωτηρίας **βουλευσάσθω.** — **8.** Οἱ νικηταὶ πολλοὺς **ἱδρύσαντο** βωμούς. — **9.** Τὸ ὕδωρ ψυχρὸν ὥστε **λούσασθαί** ἐστιν.

[Élève, p. 104] **154. Exercice lexicologique.**

Donnez le sens des mots latins qui suivent et indiquez les mots grecs correspondants.

Absum, abes,	ἄπειμι,	je suis absent *ou* éloigné.
ager, agri,	ὁ ἀργός, οῦ,	le champ

ago, agis,	ἄγω,	je conduis, je mène.
antrum, i,	τὸ ἄντρον, ου,	l'antre, la caverne.
argentum, i,	ὁ ἄργυρος, ου,	l'argent (*métal*).
athleta, æ,	ὁ ἀθλητής, οῦ,	l'athlète.
Brachium, ii,	ὁ βραχίων, ονος,	le bras.
Canis, is,	ὁ (ἡ) κύων, κυνός,	le chien.
corvus, i,	ὁ κόραξ, -ρακος,	le corbeau.
Deus, i,	ὁ θεός, οῦ,	le dieu.
donum, i,	τὸ δῶρον, ου,	le don, le présent.
Ego, me,	ἐγώ, με ou ἐμέ,	moi.
Fama, æ,	ἡ φήμη, ης,	le bruit courant, la réputation.
fero, fers,	φέρω,	je porte.
folium, ii,	τὸ φύλλον, ου,	la feuille.
fuga, æ,	ἡ φυγή, ῆς.	la fuite.
Gusto, as,	γεύομαι,	je goûte.
gymnasium, ii,	τὸ γυμνάσιον, ου,	le gymnase, le lieu pour les exercices.
Hora, æ,	ἡ ὥρα, ας,	l'heure ; la saison.
Imber, -bris,	ὁ ὄμβρος, ου,	la pluie d'orage.
in,	ἐν (εἰς),	en, dans, sur.
Leo, leonis,	ὁ λέων, -οντος,	le lion.
lupus, i,	ὁ λύκος, ου,	le loup.
Mater, matris,	ἡ μήτηρ, μητρός,	la mère.
medius, a, um,	μέσος, η, ον,	qui est au milieu.
meus, a, um,	ἐμός, ή, όν,	mon, ma.
Musa, æ,	ἡ Μοῦσα, ης,	la Muse.
musica, æ,	ἡ μουσική, ῆς,	la musique.
Nauta, æ,	ὁ ναύτης, ου,	le matelot, le marin.
novus, a, um,	νέος, α, ον,	nouveau, jeune.
nox, noctis,	ἡ νύξ, νυκτός,	la nuit.
Pater, patris,	ὁ πατήρ, πατρός,	le père.
pes, pedis,	ὁ ποῦς, ποδός,	le pied, la patte.
philosophus, i,	ὁ φιλόσοφος, ου,	le philosophe.
poeta, æ,	ὁ ποιητής, οῦ,	le poète.
primus, a, um,	πρῶτος, η, ον,	le premier (de plusieurs).
Scena, æ,	ἡ σκηνή, ῆς,	la tente, la scène.
silva, æ,	ἡ ὕλη, ης,	le bois, la forêt.
sophista, æ,	ὁ σοφιστής, οῦ,	le sophiste.
sus, suis,	ὁ ὗς, ὑός ou σῦς, συός,	le porc.
Thesaurus, i,	ὁ θησαυρός, οῦ,	le trésor, le dépôt.
tu, te,	σύ, σέ,	toi, te.
tyrannus, i,	ὁ τύραννος, ου,	tyran.
Vinum, i,	ὁ οἶνος, ου,	vin.
Vitaæ,	ὁ βίος, ου,	la vie.

Λύομαι, VOIX MOYENNE : PARFAIT ET PLUS-QUE-PARFAIT

(Gr., § 150 et §§ 151-152, *sens du moyen.*)

[Élève, p. 105]   **155. Exercice oral.**

Analysez et traduisez les formes suivantes :

1. Λέλουται, 3ᵉ pers. s. ind. parf. moy. : *il a fini de se baigner ;*

ἐλέλουτο, 3ᵉ pers. ind. pl.-q.-parf. moy. : *il avait fini de se baigner ;*

λέλουσο, 2ᵉ pers. s. impér. parf. moy. : *aie fini de te baigner ;*

λελουμέναι ὦσι, 3ᵉ pers. f. pl. subj. parf. moy. : *qu'elles aient fini de se baigner ;*

λελουμένω εἴτην, 2ᵉ *ou* 3ᵉ pers. duel, opt. parf. moy. : *puissiez-vous ou puissent-ils avoir fini de se baigner tous les deux !*

λελοῦσθαι, inf. parf. moy. : *avoir fini de se baigner.*

2. Τέθυνται, 3ᵉ pers. pl. ind. parf. moy. : *ils ont fini de sacrifier pour eux ;*

ἐτέθυσθε, 2ᵉ pers. pl. ind. pl.-q.-p. moy. : *vous aviez fini de sacrifier pour vous ;*

τέτυσθον, 2ᵉ pers. duel, ind. *ou* impér. parf. moy. : *vous avez fini ou ayez fini de sacrifier pour vous (tous les deux) ;*

τεθυμένος, nom. m. s. part. parf. moy. : *qui a fini de sacrifier pour lui.*

3. Πεφύτευσαι, 2ᵉ pers. s. ind. parf. moy. : *tu as fini de planter pour toi.*

βεβουλεῦσθαι, inf. parf. moy. : *avoir fini de délibérer.*

ἐστρατοπεδεύμεθα, 2ᵉ pers. pl. ind. parf. *ou* pl.-q.-p. moy. : *vous êtes campés ou vous étiez campés ;*

ἐστρατεῦσθαι, inf. parf. moy. : *avoir fini d'établir son camp, être campé.*

πέπαυσο, 2ᵉ pers. impér. parf. moy. : *aie fini, c.-à-d. cesse, et que ce soit bien fini.*

ἐγέγευντο, 3ᵉ pers. pl. ind. pl.-q.-p. moy. : *ils avaient fini de goûter.*

πεπραγμάτευται, 3ᵉ pers. s. ind. parf. moy. : *il a fini de se donner de la peine.*

λελούσθω, 3ᵉ pers. s. impér. parf. moy. : *qu'il ait fini de se baigner.*

[Élève, p. 105] **156. Exercice de version.**

1. Socrate *ayant fini de prendre son bain* s'assit auprès de nous. — **2.** Eh bien, réfléchis; ou plutôt ce n'est même plus le moment de réfléchir, mais *d'avoir une opinion arrêtée* (*littéral. :* d'avoir fini de réfléchir). — **3.** *Nous avions assis notre camp* tout près du fleuve. — **4.** Je connais à fond le pays pour y *avoir fait campagne*. — **5.** Et pourquoi nous dis-tu encore une fois la même chose? *As-tu fini?* (*littéral. :* aie fini). — **6.** Plût au ciel que *nous fussions au bout* de ce long trajet! (*littéral. :* que nous ayons fini d'accomplir ce long trajet). — **7.** Est-ce que *tu as fini de planter* tous *les* arbres?

[Élève, p. 105] **157. Exercice de thème.**

1. Ὑπέρμετρος ἦν ἡ ἀπορία· ἐγέγευντο γάρ τινες καὶ ἀλλήλων. — **2.** Οὐ πάλαι **πεπραγματεύμεθα** ἐπὶ τούτῳ. — **3.** Ὑμεῖς γε **ἀπολελύμεθα** τῆς δουλείας. — **4.** Μακρὰν ὁδὸν **πεπορευμένοι**, κατάκοποί ἐστε. — **5.** Ἆρα **ἐγέγευσθε** τούτων τῶν καρπῶν. — **6.** Λελούσθων ἅπαντες ὅταν ἐπανέρχωμαι.

RÉCAPITULATION

[Élève, p. 106] **158. Exercice de version.**

1. En comparaison des autres êtres vivants, les hommes vivent comme des dieux, puisqu'ils ont le corps et l'âme d'une nature supérieure (*littéral. :* étant supérieurs par le corps et par l'âme). — **2.** On dit que Protagoras affirma le premier que l'âme est immortelle. — **3.** Cyrus invita les exilés à faire campagne avec lui. — **4.** Les ennemis s'établirent (prirent position) sur une hauteur en avant de la porte. — **5.** Après avoir consommé le meurtre de ses propres enfants, Médée était dans la joie. — **6.** Cessez de vous accuser les uns les autres. — **7.** Mais toi qui *maintenant* as fait toutes les campagnes sans exception, tu es au courant des choses de la guerre. — **8.** Si tu veux avoir les dieux pour alliés, il faut honorer les dieux.

[Élève, p. 106]   **159. Exercice de thème.**

1. Χρὴ τοὺς πολίτας τοῖς κειμένοις νόμοις πείθεσθαι. —
2. Τούτων τῶν κηρίων ὅσοι ἐγεύοντο πάντες ἄφρονες ἐγί-
γνοντο. — **3.** Ὁ μὲν μῦς τὸν λέοντα ἱκέτευσεν· ὁ δὲ λέων
μειδιάσας ἀπέλυσεν αὐτόν. — **4.** Ἄνευ νόμων οὐκ ἂν ἄνθρωποι
πολιτευθείησαν (ou πολιτευθεῖεν). — **5.** Ὁ ἡμέτερος πατὴρ
εὖ πεπαίδευκεν ἡμᾶς. — **6.** Πάντες τῶν τιμῶν ἀπογεύεσθαι
βούλονται. — **7.** Γῆ καλῶς πεφυτευμένη καρποὺς φέρει
ἀφθόνους. — **8.** Οἶμαι ἥλιον οὔπω δεδυκέναι.

[Élève, p. 107]   **160. Exercice de version.**

1. Les jeunes gens aiment les éloges des vieillards et les
vieillards aiment les hommages des jeunes gens. — **2.** Ils
se mettaient à chanter et à danser en chœur au moment où
ils entendaient un certain individu jouer de la cithare. —
3. Des voleurs dérobaient les bêtes de somme et se
battaient entre eux pour les avoir (*littéral.* : au sujet
d'elles). — **4.** Alexandre comptait renverser la royauté de
Darius. — **5.** Quand on les écoute (*littéral.* : ayant été
crus), les flatteurs causent la ruine de ceux qui les ont été
écoutés. — **6.** Avant d'agir, commence par réfléchir avec
soin (*littéral.* : aie réfléchi). — **7.** Les Perses trouvèrent les
portes du palais fermées.

[Élève, p. 107]   **161. Exercice de thème.**

1. Ἐν ταῖς ὕλαις τὰ θηρία κρύπτεται. —**2.** Πράττε ὅπως
βούλει. — **3.** Ἀγάλλονταί τινες τῷ ψεύδεσθαι. — **4.** Τὴν
μαντείαν ἀκούσας ὁ Κροῖσος ἥδετο. — **5.** Ἀλέξανδρος ἐπὶ
τὴν Λιβύην ἐπορεύσατο, παρὰ τῷ Ἄμμωνι μαντευσόμενος.
— **6.** Οἱ Ἀθηναῖοι ἐβουλεύσαντο περὶ εἰρήνης. — **7.** Πέπαυ-
ται ὁ πόλεμος. — **8.** Εὖ πέφυκε πρὸς φιλοσοφίαν οὗτος ὁ
νεανίας. — **9.** Δυστυχοῦντες οὐ προσαγορευθησόμεθα.

CHAPITRE VI

L'ADVERBE

ADVERBES DE MANIÈRE ET DE LIEU.

(Gr., §§ 153-157.)

[Élève, p. 108]   **162. Exercice de version.**

1. En te connaissant toi-même, tu passeras la vie *très heureusement.* — **2.** Après une tempête, le soleil brille *avec plus d'éclat.* — **3.** O Socrate, je supporte *avec la plus vive* peine de te voir mourir *injustement.* — **4.** Mais *où* est ton frère? car en ce moment on ne le voit (il ne paraît) *nulle part.* — **5.** *Où* ont fui les ennemis? *Dans toutes les directions.* — **6.** *Par où* l'armée fait-elle route? Par votre pays. — **7.** *Là où* il y a lutte, *là* aussi est la victoire.

[Élève, p. 108]   **163. Exercice de thème.**

1. Οἱ καλοκἀγαθοὶ **εὐδαιμονέστερον** διάγουσιν ἢ οἱ κακοί. — **2.** Ἐγὼ πειράσομαι **πιστότατα** λέγειν ὑμῖν τὰ γεγενημένα. — **3.** Οἱ τοῦ Ἀλεξάνδρου στρατιῶται ἐμάχοντο **ἀνδρειότατα.** — **4.** **βεβαιότερον** πορευσόμεθα, ἡγεμόνας ἔχοντες. — **5.** Ἡδέως μὲν παίζεις, ὦ νεανία· **σωφρονέστερον** δὲ πράττειν προσήκει. — **6.** Πόθεν ἥκεις; **Οἴκοθεν** —Ποῖ πορεύει; **Ἐνθάδε.**

ADVERBES DE NÉGATION.

(Gr., §§ 158-161.)

[Élève, p. 109]   **164. Exercice de version.**

1. Sans doute, tu *n'es pas,* toi, de ces gens-là qui considèrent la fortune comme une chose plus utile qu'un frère. — **2.** Nous *n'entendons pas* toujours la vérité avec plaisir. — **3.** Ce *n'est pas* tout le monde qui poursuit les honneurs. — **4.** *Ne* repoussons *pas* les malheureux. — **5.** Puisse l'envie *ne pas* l'escorter quand tu es au premier rang! — 6. Je *ne* dirais *pas* cela si je *ne* croyais *pas* dire vrai. — 7. Les lois ordonnent aux citoyens de *ne pas* voler. — 8. Il n'est *pas* étonnant que vous et moi nous n'ayons *pas* les mêmes idées (*littéral. :* les mêmes choses *ne pas* paraître bonnes à moi et à toi); car toi, tu bois de l'eau et moi du vin. — 9. Les archers lancèrent leurs flèches et *pas un ne* manquait son homme. — 10. Étant justes, nous *ne* volons *ni ne* tuons.

[Élève, p. 109]   **165. Exercice de thème.**

1. Πολλάκις **οὐχ** ὑγιαίνουσιν οἱ ἄνανδροι τῶν ἀνθρώπων. — **2. Μὴ** πιστεύωμεν (*ou* πιστεύσωμεν) τοῖς ἀδίκοις τε καὶ ψεύσταις. — **3. Μὴ** κινδυνεύοις ταῦτα πράττων. — **4.** Εἰ σὺ ἐθέλοις, **οὐκ** ἂν οὕτω κακοδαίμων εἴης. — **5.** Οὐ φιλότιμός εἰμι **οὐδὲ** τάττω ἐμαυτὸν εἰς τὴν τάξιν τῶν ἄρχειν βουλομένων. — **6.** Κατάκοποι ὄντες **οὐκ** ἐσθίομεν **οὐδὲ** καθεύδομεν.

ADVERBES DE NÉGATION (*suite*).

(Gr., §§ 161-165.)

[Élève, p. 110]   **166. Exercice de version.**

1. Fieffés coquins, vous *ne* respectez *ni* les dieux *ni* les hommes. — **2.** D'après l'usage des Perses, on *ne* devait *ni* cracher *ni* se moucher en présence de quelqu'un. — **3.** *Ne* tuez *ni* injustement *ni* justement; car la loi [le] défend. — **4.** Je ne voudrais pas saluer ce scélérat, *même* si Athéna elle-même me l'ordonnait. — **5.** Ceci *ne* me convient *pas du tout*, [ni] à toi *non plus*. — **6.** Pythagoras *ne* mangeait *jamais* de fèves. — **7.** Le sage *ne* confie ses secrets à *personne*. — **8.** *Ne* pleurez *plus*, mes amis. — **9.** *Non*, il *n'y* a *rien* de plus utile aux hommes que la santé. — **10.** *Il n'y a personne* qui *ne* considère l'honnête homme comme heureux. (*Tout le monde* considère....) — **11.** *Il n'y a aucun lieu* où les hommes pervers *ne* soient méprisés. (Les hommes pervers sont méprisés *partout*.)

[Élève, p. 110]   **167. Exercice de thème.**

1. Οὔτε ἐγὼ οὔτε σὺ **οὔτε** ἄλλος ἀθάνατός ἐστι τῶν ἀνθρώπων. — **2.** Ἐν κοινῷ κινδύνῳ **μήτε** χρημάτων φείδεσθε, **μήτε** πόνων. — **3.** Οὐδ' ἐμοὶ δοκεῖ Ἀλκιβιάδης φυγαδεύειν. — **4.** Τῶνδε τῶν δούλων ὃ μὲν δέκα μνῶν ἄξιός ἐστιν, ὃ δὲ πέντε, ὃ δὲ **οὐδὲ** μιᾶς. — **5.** Οὐδέποτε οἱ Σκύθαι τοῖς θεοῖς βωμοὺς ἵδρυον. — **6.** Μηδέποτε, ὦ παῖ, τοὺς κακοδαίμονας ἀπό σου κώλυσον. — **7.** Οὐδεὶς ἑαυτῷ **οὐ** πιστεύει. — **8.** Οὐδεὶς τοὺς μιαροὺς **οὐκ** ἀποκωλύει. — **9.** Οὐκ ἔντιμοι ἔσονται **οὐδέποτε** οἱ ψεύσται.

ADVERBES D'INTERROGATION.

(Gr., §§ 166-169.)

[Élève, p. 111]   **168. Exercice de version.**

1. *Est-ce que* ton père est en bonne santé? Oui. — **2.** *Voudrais-tu* me donner quelque conseil? — Oui, certes, je voudrais bien, mon ami, trouver quelque chose de bon pour toi. — **3.** *Est-ce* toi qui as planté de tes mains tous les arbres que voici? — **4.** *Est-ce que* tu dédaignes mon genre de vie? — **5.** *Ne* nous *est-il pas* permis de chercher à savoir qui tu es? — **6.** *Ne rougissez-vous pas* de faire cela? — **7.** *Est-ce que* l'homme juste et le méchant jouiront de la même considération? Nullement. — **8.** *Croyez-vous* que je dis la vérité *ou croyez-vous* que je mens? — **9.** La besogne d'un économe et [celle] d'un général en chef *est-elle* la même *ou diffère-t-elle* en quelque point?

[Élève, p. 111]   **169. Exercice de thème.**

1. Ἦ πάντα ταῦτα πιστεύεις μοι, ὦ πάππε; — Ναὶ, ὦ παῖ. — **2.** Ἆρα νομίζεις σὺ ἄδικον τὴν μητέρα πρός σε εἶναι; — Οὐ δῆτα τοῦτο οὐκ ἐγὼ οἴομαι. — **3.** Ἆρ' οὐ μανθάνεις ἃ λέγω σοι; — Μανθάνω. — **4.** Τί δεδίας; Ἆρ' οὐκ ἔχεις ὅπλα ὥστε ἀμύνεσθαι. — **5.** Ἆρα μὴ σὺ εἶ τῶν ἐκείνων ἀνθρώπων οἳ χρησιμώτερον νομίζουσι χρήματα ἢ ἀδελφόν. — **6.** Ἆρ' οὐ δίκαιον τοῦτό σοι δοκεῖ; — Δικαιότατον. — **7.** Πότερον τὸ ἀγαθὸν ἢ τὸ κακὸν πράττειν δεῖν νομίζεις. — **8.** Πότερον φίλος ἢ προδότης ἐστὶν οὗτος.

CHAPITRE VII

LA PRÉPOSITION

1. — PRÉPOSITIONS SE CONSTRUISANT AVEC UN SEUL CAS.

(Gr., §§ 171, 172, 173.)

[Élève, p. 112]   **170. Exercice de version.**

(Sur εἰς, ἐν, σύν.)

1. Allez *dans* le milieu du camp. — **2.** La lune répandait sa lumière *sur* la mer. — **3.** Nous fournissons de l'argent *pour* la nourriture des soldats. — **4.** Ces gens-là sont non seulement très injustes *envers* les hommes, mais encore très impies *envers* les dieux. — **5.** Nous irons *dans* un pays fertile. — **6.** C'est *dans* les revers que se montre l'amitié. — **7.** Les canards font leur nid *dans* les roseaux. — **8.** Le général vint *avec* les peltastes et les hoplites. — **9.** Les alliés s'élancèrent courageusement *contre* les ennemis.

[Élève, p. 112]   **171. Exercice de thème.**

(Sur εἰς, ἐν, σύν.)

1. Ὁ ποιμὴν τὴν ποίμνην ἄγει **εἰς** τὸν λειμῶνα. — **2.** Οἱ Σπαρτιᾶται **εἰς** πέταλον ἐλαίας ἔγραφον τὸ ὄνομα τοῦ δυνατωτάτου τῶν πολιτῶν. — **3.** Δεῖ τοὺς πολίτας **εἰς** τὸ τῆς πατρίδος συμφέρον παιδεύειν τοὺς ἑαυτῶν παῖδας. — **4.** **Εἰς** τὸ ἄριστον παρετίθεσαν οἱ θεράποντες ἄρτον, καὶ λάχανα, καὶ οἶνον. — **5.** Ἄδικοι ἔστε καὶ ἀχάριστοι **εἰς** ἐμέ. — **6.** Ἐν σκότῳ πᾶσαι αἶγες φαίνονται μέλαιναι. — **7.** Οὐ κινδυνεύει ἐν πολέμῳ φρόνιμος στρατηγός. — **8.** Οἱ Θρᾷκες πρὸς αὐλὸν ὠρχοῦντο **σὺν** τοῖς ὅπλοις.

[Élève, p 113]   **172. Exercice de version.**

(Sur ἀπὸ, ἐκ et ἐξ, ἀντί, πρό.)

1. Nous nourrissons des chiens pour qu'ils écartent les loups *de* nos troupeaux. — **2.** *A partir de* ce moment, nous marchions sûrement, parce que nous avions des guides. — **3.** Après avoir été exilé *de* Thèbes, Polynice vint à Argos.— **4.** Qui chasse les ennemis *hors de* la patrie s'acquiert de la gloire et écarte de soi le danger. — **5.** Araspas était *dès* l'enfance ami intime de Cyrus. — **6.** Les Scythes envoyèrent à Darius, *au lieu d'*un message écrit, un rat, une grenouille, un oiseau, une flèche et une charrue. — **7.** Ne vois-tu pas ce qui est *devant* tes pieds? — **8.** *Avant* le combat de Salamine, les affaires des Grecs étaient dans une situation critique.— **9.** Il est prudent, en temps de guerre (en campagne), d'établir des postes *en avant du* camp.

[Élève, p. 113]   **173. Exercice de thème.**

(Sur ἀπό, ἐκ et ἐξ, ἀντί, πρό.)

1. Ὁ τῶν Μακεδόνων στρατὸς **ἀπὸ** Θηβῶν δέκα σταδία ἐστρατοπεδεύετο. — **2.** Τὰ δένδρα **ἐκ** τῆς γῆς φύεται. — **3.** Πεῖνα λύκον ἐκβάλλει **ἐξ** ὕλης. — **4.** Οἱ Λακεδαιμόνιοι εὐθὺς **ἐκ** παίδων κλέπτειν ἐμελέτων. — **5.** Κῦρος ἐβούλετο βασιλεύειν **ἀντὶ** τοῦ ἀδελφοῦ. — **6.** Ἀντὶ πολέμου εἰρήνην ἑλώμεθα. — **7.** Ἀντὶ εὐεργετήματος δεῖ χάριν ἔχειν. — **8.** Τὰ τῶν Βαρβάρων τοξεύματα ἔβαλλε **πρὸ** τοῦ στρατοπέδου. — **9.** Πρὸ τῆς μάχης, οἱ Ἀθηναῖοι τὸν Παιᾶνα ᾖδον. — **10.** Οἱ ἄριστοι τῶν στρατιωτῶν ἐφονεύθησαν **πρὸ** τοῦ στρατηγοῦ.

II. — PRÉPOSITIONS SE CONSTRUISANT AVEC DEUX CAS.

(Gr., § 174.)

[Élève, p. 114]   **174. Exercice de version.**

(Sur διά, κατά, μετά.)

1. La lune brillait *à travers* les nuages. — **2.** Le rossignol chante *pendant* la nuit. — **3.** On dérivait l'eau vers le fleuve *par le moyen de* fossés. — **4.** Minos contraignait Dédale à être son esclave *à cause de* son habileté. — **5.** Ne haïssez pas vos amis *pour* une petite faute. — **6.** Nous courûmes *en descendant de* la colline. — **7.** Les rats pénètrent *sous* terre. — **8.** Elles sont fameuses les harangues de Démosthène *contre* Philippe. — **9.** Un peuple libre rédige des lois *conformément* auxquelles il sera gouverné. — **10.** Agésilas, enfourchant un roseau, jouait au cheval *avec* son enfant. — **11.** *Après* la mort d'Alexandre, tout, dans le royaume, était plein de trouble.

[Élève, p. 114]   **175. Exercice de thème.**

(Sur διά, κατά.)

1. Ὁ στρατὸς μόλις ἐπορεύετο **διὰ** χιόνος. — **2.** Αἱ φλέβες τὸ αἶμα ὀχετεύουσι **διὰ** παντὸς τοῦ σώματος. — **3.** Αἱ γλαῦκες **δι'** ἡμέρας καθεύδουσιν. — **4.** **Διὰ** τῶν ἰδίων κινδύνων κοινῆς σωτηρίας αἴτιοι κατεστήσατε. — **5.** Οἱ ἄνθρωποι πολλάκις ἐπιβουλεύουσιν ἀλλήλοις **διὰ** τὰ χρήματα. — **6.** Αἰγεὺς **κατὰ** πέτρας ἔρριψεν ἑαυτὸν εἰς θάλατταν. — **7.** Οἱ βάτραχοι **καθ'** ὕδατος δύνουσιν. — **8.** Ἐγὼ οὐκ ἦρχον **καθ'** ὑμῶν λόγον. — **9.** Ἐλεύθερος δῆμος **κατὰ** νόμους πολιτεύεται.

[Élève, p. 115]   **176. Exercice de version.**

(Sur μετά, ὑπέρ, ἀμφί et περί.)

1. Xerxès, *avec* une armée innombrable, entra en campagne contre la Grèce. — **2.** Sardes était la ville la plus riche de l'Asie *après* Babylone. — **3.** Le soleil brillait *au-dessus de* nos têtes. — **4.** J'ai fait la guerre contre les Thraces et j'ai pris fait et cause *avec* vous *pour* la Grèce en les chassant de la Chersonèse. — **5.** Démosthène prononça un discours *au sujet de* la Couronne, *en faveur de* Ctésiphon. — **6.** Les Carthaginois naviguaient *au delà des* Colonnes d'Hercule. — **7.** Ami, donne-moi un conseil *sur* ces matières. — **8.** Nous avons été en danger *pour* notre vie.

[Élève, p. 115]   **177. Exercice de thème.**

(Sur μετά, ὑπέρ, ἀμφί et περί.)

1. Ἡρακλῆς ἔπαιζε **μετὰ** παιδίων. — 2. Πολλάκις κυνηγοὶ ἐκ τοῦ ποταμοῦ ὕδωρ ἀρύτονται **χειρί**. — 3. Νῦν δ' **ὑπὲρ** τῶν ὑμετέρων γυναικῶν ὁ ἀγών ἐστι καὶ **ὑπὲρ** παιδῶν καὶ **ὑπὲρ** οἴκων. — 4. Καταλαμβανώμεθα τὸ **ὑπὲρ** τῆς ὁδοῦ ἄκρον. — 5. Ὁ ἄνεμος ἀπήνεγκεν ἡμᾶς **ὑπὲρ** Κρήτην. — 6. Ἐγὼ μὲν οὐ μόνον ἀεὶ τὰ αὐτὰ λέγω, ἀλλὰ καὶ **περὶ** τῶν αὐτῶν· σὺ δ' ἴσως **περὶ** τῶν αὐτῶν οὐδέποτε τὰ αὐτὰ (ou ταὐτὰ) λέγεις. — 7. Ὁ Κῦρος δῶρα διεδίδου τοῖς **ἀμφὶ** τὸν πάππον θεραπευταῖς. — 8. Οἱ ὁπλῖται ἔμενον ἐν ὅπλοις **περὶ** τὴν τοῦ στρατηγοῦ σκηνήν.

III. — PRÉPOSITIONS SE CONSTRUISANT AVEC TROIS CAS

(Gr., § 175.)

[Élève, p. 116]   **178. Exercice de version.**

(Sur ὑπό, παρά.)

1. Aristide était appelé le Juste *par* les Athéniens, et cependant il fut exilé d'Athènes par l'ostracisme. — 2. Ayant entendu le tonnerre, ils s'éloignèrent de l'arbre *sous* lequel ils étaient. — 3. Une biche, poursuivie *par* des chasseurs, se réfugia *sous* une vigne. — 4. Arion revint [dans son pays] ayant beaucoup de richesses [*qu'il avait reçues*] *du* tyran Périandre. — 5. Silanus reçut *de* Cyrus trois mille dariques. — 6. Les biens *dépendant du* hasard ne sont point sûrs du tout. — 7. Que les jeunes observent le silence *en présence de* plus vieux qu'eux. — 8. *Chez* les Perses, les officiers punissaient les soldats à coups de fouet. — 9. Il y avait beaucoup de villages dans cette plaine, *le long du* fleuve. — 10. Les ennemis ont rompu la trêve, *contrairement à* leurs serments.

[Élève, p. 116]   **179. Exercice de thème.**

(Sur ὑπό, παρά.)

1. Τώδε τὼ ἀδελφὼ **ὑπὸ** τοῦ αὐτοῦ διδασκάλου ἐπαιδεύοντο. — 2. Ὁ τράγος πώγωνα ἔχει **ὑπὸ** γνάθῳ. —

3. Ὑπὸ ταύτην τὴν στοὰν ἀποφεύγωμεν. — **4.** Ἆρ᾽ οὐκ ἥκεις, ὦ νεανία, **παρὰ** τῶν ἐκείνων γερόντων; — **5.** Οἱ θεοὶ χαίρουσι ταῖς **παρὰ** τῶν δικαίων τιμαῖς. — **6.** Παρὰ τοῖς Ἀθηναίοις ἦσαν ἀγῶνες ἀλεκτρυόνων. — **7.** Ὁ Σωκράτης λελουμένος ἐκαθέζετο **παρὰ** τοῖς φίλοις. — **8.** Τόνδε τὸν παῖδα πέμπε **παρὰ** τὸν διδάσκαλον. — **9.** Παρὰ τὴν ὁδὸν ἦν κρήνη. — **10.** Μηδέν πράττε **παρὰ** τὴν δικαιοσύνην.

[Élève, p. 117]   **180. Exercice de version.**

(Sur ἐπί, πρός.)

1. On bâtit une tour *sur* la hauteur. — **2.** Busiris sacrifiait les étrangers *sur* l'autel des dieux. — **3.** Cyrus offrait un sacrifice *en vue de* son voyage. — **4.** Ce n'est point *pour* cela que nous sommes ici. — **5.** Alexandre marchait *sur* la Libye dans l'intention de consulter l'oracle d'Ammon (*littéral.:* demander une réponse *auprès* d'Ammon). — **6.** Le ours grimpent *sur* les arbres et mangent les fruits. — **7.** Jupiter est *pour* nous (de notre côté). — **8.** Les étrangers et les mendiants sont tous *envoyés de la part de* Jupiter. — **9.** Athènes n'est point bâtie *tout près de* la mer. — **10.** Les peltastes avaient comme armes, *en plus de* leur bouclier court, un arc ou une fronde ou une javeline. — **11.** Antalcidas fut envoyé de la part des Lacédémoniens *vers* le roi des Perses au sujet de la paix. — **12.** Je ne cachais pas la haine que j'avais *pour* les méchants.

[Élève, p. 117]   **181. Exercice de thème.**

(Sur ἐπί, πρός.)

1. Οἱ Κύκλωπες ἕνα ὀφθαλμὸν **ἐπὶ** τοῦ μετώπου ἔχουσιν. — **2.** Ἡμεῖς μὲν **ἐφ᾽** ἁμάξῃ πορευσόμεθα, ὑμεῖς δέ **ἐφ᾽** ἵππου. — **3.** Ἐπαινῶ σε **ἐπὶ** τούτοις ἃ λέγεις τε καὶ πράττεις. — **4.** Πέμπονται οἱ παῖδες παρὰ διδάσκαλον **ἐπὶ** τῇ παιδείᾳ. — **5.** Οἱ πολέμιοι ἐστρατοπέδευνται **πρὸς** τῆσδε τῆς ὕλης. — **6.** **Πρὸς** τῷ ποταμῷ ἐστρατοπεδεύοντο οἱ Ἕλληνες. — **7.** **Πρὸς** φίλου τόδε τὸ δῶρον λάμβανε. — **8.** **Προς** τοῖς φίλοις ἡμῶν παρέσονται ξένοι τινὲς τῷ συμποσίῳ. — **9.** Οἱ σύμμαχοι ἐπορεύοντο ᾄδοντες ἐν ῥυθμῷ **πρὸς** τὸν τῶν πολεμίων στρατόν. — **10.** Οἳ μὲν λέγουσιν ἡμᾶς πεφυκέναι **πρὸς** τὴν ἀρετήν, οἳ δὲ **πρὸς** τὴν ἡδονήν.

ADVERBES EMPLOYÉS COMME PRÉPOSITIONS

(Gr., § 177.)

[Élève, p. 118]   **182. Exercice de version.**

1. Les messagers des Athéniens se trouvaient à Sellasie, *près de* la Laconie. — **2.** Mon enfant, dis toujours la vérité *en face de* tout le monde. — **3.** *Entre* les deux rivières, il y avait une plaine. — **4.** Mausole fit route *jusqu'à* Milet en saccageant l'Ionie. — **5.** Aucun bien ne s'acquiert *sans* mal. — **6.** Tout le monde était présent, *excepté* vous. — **7.** Quelques-uns des Grecs suivaient les alliés sans être soumis à l'autorité des généraux, mais *en vue du* pillage. — **8.** Nous cultivons des arbres *en vue de* leurs fruits. — **9.** Fais ceci en ce moment *pour l'amour de* mon frère. — **10.** *Pour l'amour de vous*, mes amis, je ferai route avec vous *jusqu'à* la nuit.

[Élève, p. 118]   **183. Exercice de thème.**

1. Ἐγγὺς Ἰταλίας ἐστὶν ἡ Σικηλία. — **2.** Λέγε μοι τίνες εἰσίν ἐκεῖνοι **πλησίον** τῆς οἰκίας. — **3.** Ὦ παῖ, ἐνθάδε μὲν καθίζου **ἐναντίον** ἐμοῦ, τὰ δὲ συμβουλεύματα γέροντος ἄκουσον ἐπιμελῶς. — **4.** Ἵδρυτο τὸ ἱερὸν τῆς θεοῦ ἐν γηλόφῳ **μεταξὺ** δυοῖν ὕλοιν. — **5.** Ὑμεῖς μὲν ἐθηρεύσατε **μέχρι** μεσημβρίας, ἡμεῖς δε θηρεύσομεν **μέχρι** νυκτός. — **6.** Ἄνευ ἀρετῆς οὐδεὶς ἂν λέγοιτο εὐδαίμων. — **7.** Πάντες οἱ παρόντες, **πλὴν** ἑνός, ἐδοκίμαζον τὸ βούλευμα. — **8.** Ἆρ' οὐ τὸν Ἑρμόλαον τὸν πλούσιον ἐθεράπευες τοῦ κλήρου **ἕνεκα**; — **9.** Ὁ Σωκράτης τὸν θάνατον ἀληθείας **χάριν** ἀνεδέξατο.

RÉCAPITULATION

[Élève, p. 110]   **184. Exercice de version.**

1. Si tu avais dit la vérité dès le début, tu ne serais pas considéré *maintenant* par tout le monde comme un menteur. — **2.** Réfléchis avant l'acte; car il n'y a rien de plus amer que le repentir. — **3.** Les noyers plantés le long des routes sont attaqués à coups de pierres par les passants pour leurs noix. — **4.** Les chars de guerre des Perses se portaient à travers les Grecs. — **5.** Chez les Lacédémoniens, le roi, avant de prendre possession du pouvoir, jurait d'exercer le pouvoir royal conformément aux lois de la cité. — **6.** La dixième année après la bataille de Marathon, l'étranger revint en Grèce pour l'asservir avec une grande flotte. — **7.** Ce n'était pas chez leur mère que les enfants des Perses prenaient leur repas, mais chez leur maître d'école.

[Élève, p. 110]   **185. Exercice de thème.**

1. Οὐχ ἕτοιμα ἦν τὰ ἐπιτήδεια εἰς τὴν τροφὴν τῶν στρατιωτῶν. — **2.** Διὰ χειμῶνος οὐ φρόνιμόν ἐστι μένειν ὑπὸ δένδροις. — **3.** Δι' Ἑλένην οἱ Ἕλληνες ἐπολεμήσαντο πρὸς τὴν Τροίαν. — **4.** Κατέχου μετὰ σεαυτοῦ ἑξακοσίους στρατιώτας, τοὺς δὲ ἄλλους πέμπε εἰς ἄλλον τρόπον. — **5.** Οἱ Γαλάται ἐσθίουσι καθήμενοι πάντες οὐκ ἐφ' ἑδρῶν ἀλλ' ἐπὶ τῆς γῆς. — **6.** Ὁ Ἀβραδάτας λαβὼν παρὰ τοῦ ἡνιόχου τὰς ἡνίας, ἀνέβη ἐπὶ τὸ ἅρμα. — **7.** Λέγε ὑμῖν πάντα τὰ γεγενημένα ἐξ ἀρξῆς μέχρι τῆς τελευτῆς.

RÉCAPITULATION GÉNÉRALE

THÈMES

[Élève, p. 120]   **186. Anecdotes.**

1. Καῖσαρ, πολίχνιον λυπρὸν ἐν Ἄλπεσι περιερχόμενος, ἔλεγε τοῖς συνοδοιπόροις· « Μᾶλλον ἂν ἐβουλόμην πρῶτος ἐνταῦθα εἶναι ἢ δεύτερος ἐν Ῥώμῃ. » — 2. Παῖς ἦν τῷ Φιλίππῳ τῷ Μακεδῶνι ὃν ἐκέλευσε καθ' ἑκάστην ἡμέραν λέγειν αὐτῷ· « Φίλιππε, ἄνθρωπος εἶ ». — 3. Ὅτε ὑπήρχετο ἡ γραφικὴ τέχνη, οὕτως ἀτέχνως εἴκαζον τὰ ζῷα οἱ τεχνῖται ὥστε ἐπιγράφειν αὐτοῖς· « Τοῦτο μὲν κύων, ἐκεῖνο δ' ἵππος· τοῦτο δὲ λέων, ἐκεῖνο δὲ δένδρον. »

[Élève, p. 120]   **187. Mordante réplique d'Iphicrate.**

Ἰφικράτης υὸς ἦν σκυτοτόμου. Πρὸς δὲ Ἁρμόδιον τὸν ἐκείνου τοῦ παλαιοῦ Ἁρμοδίου ἀπόγονον εἰς δυσγένειαν αὐτὸν σκώπτοντα, εἶπεν· « Ἡ μὲν ἐμὴ ἀπ' ἐμοῦ γενεὰ ἄρχεται, ἡ δὲ σὴ ἐν σοὶ παύεται ».

[Élève, p. 121]   **188. Le crocodile.**

Ὁ κροκόδειλός ἐστι ζῷον χερσαῖον καὶ λιμναῖον· τίκτει μὲν γὰρ ᾠὰ ἐν γῇ καὶ ἐκλέπει καὶ τὸ πολὺ τῆς ἡμέρας διατρίβει ἐν τῷ ξηρῷ, τὴν δὲ νύκτα πᾶσαν ἐν τῷ ποταμῷ. Ἔχει δὲ ὀφθαλμοὺς μὲν ὑός, ὀδόντας δὲ μεγάλους, ὄνυχας δὲ καρτεροὺς καὶ δέρμα λεπιδωτόν, ἄρρηκτον ἐπὶ τοῦ νώτου. Ὡς δὲ δίαιταν ἔχει ἐν ὕδατι, τὸ στόμα ἔνδοθεν φέρει πᾶν μεστὸν βδελλῶν. Αἱ μὲν ἄλλαι ὄρνιθες φεύγουσιν αὐτόν, ὁ δὲ τροχίλος εἰσδύνων εἰς τὸ στόμα αὐτοῦ καταπίνει τὰς βδέλλας· ὁ δὲ κροκόδειλος ἥδεται καὶ οὐ σίνεται τὸν τροχίλον.

[Élève, p. 121]   **189. L'ours.**

Ὁ ἄρκτος παυφάγον ζῷόν ἐστιν· καὶ γὰρ καρποὺς ἐσθίει καὶ ἀναβαίνει ἐπὶ τὰ δένδρα διὰ τὴν ὑγρότητα τοῦ σώματος· ἐσθίει δὲ καὶ χέδροπα, καὶ μέλι, καὶ καρκίνους καὶ μύρμηκας καὶ σάρκα. Διὰ δὲ τὴν ῥώμην, ἐπιχειρεῖ οὐ μόνον ἐλάφοις καὶ δορκάσιν ἀλλὰ καὶ κάπροις καὶ ταύροις. Ὁμόσε γὰρ χωρήσας τῷ ταύρῳ, ὕπτιος καταπίπτει, καί, ὅτε ὁ ταῦρος τύπτειν βούλεται, τοῖς μὲν βραχίοσι τὰ κέρατα αὐτοῦ περιλαμβάνει, τῷ δὲ στόματι τὴν ἀκρωμίαν δάκνει καὶ καταβάλλει τὸν ταῦρον.

[Élève, p. 122]   **190. Vive répartie d'Agésilas.**

Ἀγησίλαος, ὁ τῶν Σπαρτιατῶν ἔνδοξος στρατηγός, κάλαμον περιβάς, ἵππευε μετὰ τοῦ υἱοῦ παιδὸς ὄντος· κώπτοντος δέ τινος αὐτόν· « Νῦν μὲν, ἔφη, ἡσυχίαν ἄγε· ὅταν δὲ γένῃ πατὴρ καὶ αὐτός, τότε ἐξαγορεύσεις πρὸς τοὺς πατέρας. »

[Élève, p. 122]   **191. Sur Philopœmen.**

Ἐκ παιδός ἦν φιλοστρατιώτης ὁ Φιλοποίμην καὶ τοῖς πρὸς τὴν πολεμικὴν τεχνὴν χρησίμοις μαθήμασιν ὑπήκουε προθύμως. Ἀπαλλαγεὶς δὲ διδασκάλων, ἐγυμνάζετο περὶ τὰ ὅπλα καὶ τὸ σῶμα κατεσκεύαζε κοῦφον ἅμα καὶ ῥωμαλέον ἢ ἱππεύων ἢ θηρεύων ἢ γεωργῶν. Ἦν γὰρ ἀγρὸς αὐτῷ καλὸς εἴκοσι σταδίους ἀπὸ τῆς πόλεως. Εἰς τοῦτον ἐβάδιζε καθ' ἡμέραν μετὰ τὸ ἄριστον ἢ μετὰ τὸ δεῖπνον καὶ συνειργάζετο τοῖς ἐργάταις ἄμπελον κλαδεύουσιν ἢ γῆν σκάπτουσιν.

[Élève, p. 123]   **192. Chasse à l'épervier.**

Ἐν Θρᾴκῃ θηρεύουσιν οἱ ἄνθρωποι τὰ ὀρνίθια κοινῇ μετὰ τῶν ἱεράκων· οἱ μὲν γὰρ ἄνθρωποι ἔχοντες ξύλα σείουσι τοὺς τῆς ὕλης θάμνους ἵνα πέτωνται τὰ ὀρνίθια· οἱ δ' ἱέρακες ἄνωθεν ὑπερφαινόμενοι καταδιώκουσιν· ταῦτα δὲ ἔμφοβα κάτω πέτονται πάλιν πρὸς γῆν· οἱ δ' ἄνθρωποι τύπτοντες τοῖς ξύλοις λαμβάνουσιν.

[Élève, p. 123] **193. Le Cerf et le Faon.**

Νεβρός ποτε ἔλεγε τῷ Ἐλάφῳ· « Ὦ πάτερ, σὺ καὶ μείζων καὶ ἰσχυρότερος κυνῶν πέφυκας, καὶ καρτερὰ φέρεις κέρατα πρὸς ἄμυναν· τί οὖν φεύγεις ὁπόταν τούτων ὑλακὰς ἀκούσῃς; » Κἀκεῖνος· « Ἀληθεύεις, ἔφη, ὦ τέκνον· ἀλλὰ, οὐκ οἶδ' ὅπως, ἐπειδὰν κυνὸς ὑλακὴν ἀκούσω, αὐτίκα πρὸς φυγὴν ἐκφέρομαι ».

Τοὺς φύσει δειλοὺς ὄντας οὐδεμία προτροπὴ θαρρύνει.

[Élève, p. 124] **194. Bon mot de Stratonicos.**

Ὁ μὲν Στρατόνικός ποτε ἐν Πέλλῃ πρὸς φρέαρ προσελθών, ἠρώτησεν εἰ πότιμόν ἐστι τὸ ὕδωρ. Εἰπόντων δὲ τῶν παρόντων· « Ἡμεῖς γε τοῦτο πίνομεν. — Οὐκ ἄρα, ἔφη, πότιμόν ἐστιν. »

Ἐτύγχανον δὲ οἱ ἄνθρωποι χλωροὶ ὄντες.

[Élève, p. 124] **195. Les abeilles de Platon.**

Ἀρίστων εἰς Ὑμηττόν ποτ' ἦλθε, μετὰ Περικτιόνης, τῆς γυναικός, ἐν ταῖς ἀγκάλαις φερούσης Πλάτωνα τόν υἱόν, νήπιον ἔτι ὄντα, θύσων ταῖς Μούσαις ἢ ταῖς Νύμφαις. Θύοντος δὲ τοῦ πατρός, ὁ μὲν Πλάτων καθύπνωσεν, ἡ δὲ μήτηρ κατέκλινεν αὐτὸν ἐν ταῖς πλησίον μυῤῥίναις. Καθεύδοντι δὲ μέλιτται ἀπετίθεσαν ὑμηττίου τι μέλιτος ἐν τοῖς χείλεσι καὶ ὑπῇδον, τὴν τοῦ Πλάτωνος εὐγλωττίαν οὕτω μαντευόμεναι.

[Élève, p. 125] **196. Eschyle tué par une tortue.**

Τὰς χερσαίας χελώνας, ὡς λέγουσιν, οἱ ἀετοὶ τοῖς ὄνυξι συλλαμβάνουσι, εἶτα δὲ ἄνωθεν καταλαβόντες ἐπὶ τὰς πέτρας, τὸ χελώνιον συντρίβουσι καὶ ἐξαίρουσι τὴν σάρκα καὶ ἐσθίουσιν. Ταύτῃ τοι Αἰσχύλος ὁ τραγῳδοποιὸς λέγεται ἀποθανεῖν. Ὁ μὲν οὖν Αἰσχύλος ἐπί τινος πέτρας ἐκαθέζετο φροντίζων καὶ γράφων· ἄθριξ δὲ ἦν τὴν κεφαλὴν διὰ τὸ γῆρας· οἰόμενος δ' οὖν ἀετὸς πέτραν εἶναι αὐτοῦ τὴν κεφαλὴν ἐπ' αὐτὴν κατέβαλεν ἣν τοῖς ὄνυξι κατεῖχε χελώνην καὶ ἐφόνευσε τὸν ἄνδρα.

[Élève, p. 125] **197. Mort de rire.**

Φιλήμων ὁ κωμῳδοποιὸς τελευτὴν τοῦ βίου ἔπαθε πάνυ
ἰδίαν καὶ τῇ τεχνῇ αὐτοῦ συμφέρουσαν. Ἑπτὰ καὶ ἐνενήκοντα
ἔτη ἔχων κατέκειτό ποτε ἐπὶ κλίνης ἠρεμαῖος. Θεασάμενος
δὲ ὄνον κατεσθίοντα τὰ εἰς τὸ δεῖπνον παρεσκευασμένα σῦκα,
ὥρμησε μὲν εἰς σφοδρόν τινα γέλωτα· ἔπειτα δὲ καλέσας τὸν
οἰκέτην καὶ σὺν ἀθρόῳ γέλωτι κελεύσας προσκόμισαι καὶ οἴνου
τῷ ὄνῳ, ἀποπνιγεὶς τῷ γέλωτι, ἀπέθανεν.

TABLE DES MATIÈRES

Paris. — Imp. E. CAPIOMONT et Cie, rue des Poitevins, 6.

COURS ÉLÉMENTAIRE & MOYEN
(Programmes de 190...)

LANGUE LATINE

La Première Grammaire Latine (classes
de Sixième et de Cinquième), avec Exercices en regard
des règles et Lexiques. 1 vol. in-18 jésus, cart. ...

Exercices Latins (*Classes de Sixième et de Cinquième*),
avec Lexiques. 1 vol. in-18 jésus, cart. ...

La Deuxième Grammaire Latine (classes
de Quatrième et de Troisième), avec Exercices en
regard et Lexiques. 1 vol. in-18 jésus, cart. ...

Grammaire Latine complète (classes de
Seconde et de Première) : Théorie seule, étude des
racines, latinismes et gallicismes. 1 vol. in-18 jésus,
cartonné. ...

LANGUE GRECQUE

La Première Grammaire grecque
(Classes de Quatrième et de Troisième), avec Exercices
en regard des règles et Lexiques. 1 vol. in-18 jésus, cart.

Exercices Grecs (*Classes de Quatrième et de Troisième*),
avec Lexiques. 1 vol. in-18 jésus, cart. ...

Grammaire grecque complète (classes
de Seconde et de Première), sans Exercices. 1 vol. in-18 jésus,
cartonné. ...

Exercices Grecs (*Classes* | **Exercices Grecs** (*Classes*
de Seconde). In-18 jésus, cart. | *de Première*). In-18 jésus,
cart. |

BIBLIOTHEQUE NATIONALE DE FRANCE
3 7502 00935812 0

www.ingramcontent.com/pod-product-compliance
Lightning Source LLC
LaVergne TN
LVHW050059060726
842524LV00003B/833